Pe. JOÃO ROCHA

Maria, CHEIA DE GRAÇA

EDITORA
SANTUÁRIO

Coordenação editorial: Ana Lúcia de Castro Leite
Copidesque: Sofia Machado
Revisão: Ana Lúcia de Castro Leite
Diagramação e Capa: Mauricio Pereira

Dados Internacionais de Catalogação na Publicação (CIP) de acordo com ISBD

R642m Rocha, João

Maria, cheia de graça / João Rocha. - Aparecida : Editora Santuário, 2022.
184 p. ; 14cm x 21cm.

ISBN: 978-65-5527-205-5

1. Religião. 2. Cristianismo. 3. Maria. I. Título.

2022- 1509 CDD 240
CDU 24

Elaborado por Odilio Hilario Moreira Junior- CRB-8/9949

Índice para catálogo sistemático:
1. Religião : Cristianismo 240
2. Religião : Cristianismo 24

1ª impressão

Rua Pe. Claro Monteiro, 342 – 12570-000 – Aparecida-SP
Tel.: 12 3104-2000 – Televendas: 0800 - 0 16 00 04
www.editorasantuario.com.br
vendas@editorasantuario.com.br

SUMÁRIO

Sumário

APRESENTAÇÃO

Cardeal Dom Odilo Pedro Scherer

O ditado popular católico – "de Maria, nunca diremos o suficiente" – continua verdadeiro. Ao canto das Ladainhas de Nossa Senhora, fico pensando na grande riqueza de títulos e comparações atribuídas a Nossa Senhora, uma verdadeira "fantasia da fé", que nunca se esgota. De Maria, dá para dizer sempre mais, e não é sem razão. Muito se escreveu e produziu sobre ela em textos do Magistério da Igreja, produção teológica e literatura, artes, música e expressões de religiosidade popular. Mas há sempre espaço para dizer algo mais sobre o papel e o significado de Maria na vida dos cristãos e de toda a humanidade. E isso possui uma explicação quase óbvia para quem tem a fé da Igreja: foi Deus mesmo que a envolveu em seu mistério imenso e profundo, de maneira única, em favor da humanidade.

Por desígnio do Pai eterno, Maria foi agraciada para ser a mãe do Filho eterno, segundo a natureza humana por obra do Espírito Santo; foi associada intimamente à obra redentora de Jesus Cristo e, por ele, entregue como mãe à Igreja e à humanidade inteira. Quem, como Maria, foi unido tão estreitamente ao Mistério inefável de nosso Deus e, ao mesmo tempo, encarregado de o manifestar ao mundo? Quem, dentre os humanos, como ela, correspondeu de maneira tão generosa e fiel à divina vontade e, por isso, também já recebeu o pleno fruto da redenção?

Não é sem razão que a comunidade dos discípulos de Jesus honra sua Mãe e olha para ela com confiança, contando com sua materna intercessão, a fim de alcançar, também, a graça da participação plena da obra salvadora de Jesus. A Igreja olha para Maria de Nazaré e vê nela o modelo daquilo que ela é chamada a ser e fazer todos os dias, enquanto peregrina neste mundo. E olha para Maria na glória de Deus e contempla, em imagem, seu próprio futuro radioso.

Ninguém deveria ver com estranheza a devoção especial que a comunidade da Igreja tem a Maria, nem ver nisso um desvio da reta fé cristã, ou uma ameaça para o lugar e papel únicos de Jesus no mistério da salvação da humanidade. Ela não faz sombra para Jesus Salvador. A relação de Maria com Jesus e com a Igreja merece uma consideração toda especial, antes de tudo, porque foi o próprio Deus quem privilegiou Maria e a associou, de maneira única, à obra redentora do Filho. Maria é a mãe do Redentor, mas também a primeira discípula, aquela que ouviu e praticou a Palavra de Deus. Maria recebeu de Jesus a missão de ser a mãe dos discípulos e eles compreenderam isso desde logo. Ela está presente entre os apóstolos em Pentecostes, quando a Igreja foi ungida pelo mesmo Espírito de Cristo e partiu em missão. Sem medo de errar, podemos afirmar que, onde está Jesus com seus discípulos, a Mãe de Jesus também lá está. E quando os discípulos procuram a Mãe de Jesus, por qualquer motivo, ela sempre lhes recomenda: "Façam tudo o que Jesus lhes disser" (cf. Jo 2,5). Maria é a Mãe do Salvador e também a Mãe da Igreja e de toda a humanidade.

Tenho, pois, a satisfação de apresentar este livro do Pe. João Rocha, sacerdote italiano, Giovanni Rocchia de nascimento, mas brasileiro por missão e escolha, há mais de 50 anos. Ele é poeta, artista, sonhador, questionador, fino observador das questões eclesiais e humanas, orientador espiritual e místico de muitas pessoas, sobretudo de jovens. Também foi meu orientador durante um período de minha formação no seminário. Pe. João gosta de compartilhar suas reflexões nos momentos pastorais e de formação cristã do povo.

Este livro não pretende ser uma obra teológica, embora tenha muitas intuições teológicas felizes e profundas. Passando pelas diversas dimensões da Mariologia, como a bíblica, doutrinal, especialmente eclesiológica, as dimensões antropológica e devocional, o texto é, acima de tudo, o resultado de vivências e reflexões pastorais do autor; um texto mistagógico e catequético sobre Nossa Senhora, que certamente fará muito bem a todos os que o lerem. Felicito Pe. João pela iniciativa de partilhar suas reflexões, publicando este livro.

São Paulo, 27 de dezembro de 2021
Festa de São João Evangelista

Cardeal Odilo Pedro Scherer
Arcebispo de São Paulo

INTRODUÇÃO GERAL

Um retiro é sempre experiência de Deus e de fraternidade: oração e caridade. No ano da Campanha da Fraternidade 1990 escolhemos o tema "MARIA, CHEIA DE GRAÇA", pois a campanha era sobre a mulher. Esse foi o texto-base do retiro, em seguida ampliado e, agora, republicado para meditação pessoal e reflexão em grupo.

Maria é apresentada na Bíblia, celebrada na Liturgia e estudada na Teologia como: "A CHEIA DE GRAÇA". Isso justifica a escolha do título deste livro.

Maria aparece tão diferente de nós e, ao mesmo tempo, tão perto de nós. Sim, ela é diferente, bem diferente de nós, pois é a nova Eva, é modelo da Igreja (Puebla). Ser diferente não quer dizer estar longe! Maria é nosso modelo: a ela olhamos para sermos melhores.

Um modelo é diferente, é melhor! Os modelos que o mundo (mass media) apresenta-nos, às vezes, são piores do que nós, e nos tornam piores!

A Liturgia, celebrando as festas marianas, apresenta os mistérios de Maria, aparentemente contraditórios para a compreensão de nosso pequeno raciocínio:

– Maria concebida sem pecado original;
– Maria Virgem e Mãe;
– Maria Mãe de Deus;
– Maria Assunta ao céu em alma e corpo glorioso.

O tema da virgindade foi visto no amplo conjunto da afetividade e sexualidade, a pedido de muitos jovens.

Não analise Maria, mas contemple Maria! Quanto mais a contemplo, mais fico encantado de estupor: admirar sem parar e sem cansar, crescendo de descoberta em descoberta. Os pequenos, os pobres e os HUMILDES são os privilegiados: só a eles Maria se revela!

"Estupor" e "estupidez" têm a mesma etimologia e também indicam a mesma falta de raciocínio comum: muitos santos eram considerados estúpidos e loucos.

Contemplando a Virgem Maria, vejo uma sequência de "sem sentido", ou falta de lógica, ou uma esquisita sucessão de exceções à regra:

– Maria é Imaculada Conceição (isenta do pecado original): por que essa é a primeira e única exceção à regra?

– Maria é Virgem e Mãe. Como pode acontecer?

– Por que essa estranha exceção à regra?

– Maria é Assunta ao céu em alma e corpo. Por que essa é a última exceção à regra?

– Maria é Mãe de Deus: não é esta uma blasfêmia?!

Continuando a contemplação, vejo que, em tudo, há um sentido mais profundo que o mundano sentido, e descubro que, para Deus:

– A anormalidade pode ser norma;

– A exceção pode ser regra;

– A aparente falta de lógica revela a maior lógica.

Enfim, a anormalidade nos "desentoca", a exceção nos "provoca"; a falta de lógica nos "convoca" para uma aventura que nos leva à Divina e Trina Ternura.

15 de novembro, festa de Nossa Senhora do Rocio
Santuário Divina Ternura
João Rocha. J.R. a serviço de J.C.

PRELIMINAR

A VIDA ÍNTIMA DE MARIA

Vida íntima e vida interior são, aqui, sinônimos. Psicologia e mística visam a mesma meta. Os psicólogos enfatizam a consistência; os místicos, a coerência. Estes indicam a radical santidade; aqueles, a harmônica personalidade.

A vida íntima de Maria é o segredo de sua vida: coerência, consistência, santidade e personalidade; mãe e modelo da Igreja. Para fugir do intimismo, da oração sem solidariedade, nasceu uma espiritualidade solidária, inserida na vida dos últimos. Todavia não há solidariedade sem fraternidade. Não vou chamar-te irmão (frater), se não temos o mesmo Pai. Não há fraternidade sem intimidade com o Pai. Não há intimidade com o Pai, sem intensos momentos de oração pessoal (deserto). Essa meditação é a chave que nos abre o precioso cofre – o coração de Maria – que revela o mistério de sua vida, tão igual a nossa pelos desafios e tão diferente da nossa por ser a escolhida: Mãe de Deus, Imaculada Conceição (isenta do pecado original), Virgem e Mãe, Assunta ao céu em corpo e alma. Sim, Maria é inserida entre nós, com avental e vassoura; mas é "a cheia de Graça": Deus se serve dela para encarnar-se.

Tinha previsto este tema – A VIDA ÍNTIMA DE MARIA – no final deste breve tratado de Mariologia. Depois, pensei antecipá-lo para dar ao texto, necessariamente incisivo e afetivamente frio, o calor da Divina e Trina Ternura. É uma meditação pessoal, fundamentada na vida concreta da "Cheia de Graça", que pode abrir nosso coração a nossa Mãe, para uma mudança, conversão, transformação de vida: o que ela pediu em todas as aparições.

Fica sempre válido nosso lema: Deus forma, o pecado deforma, a penitência reforma; mas... A Divina e Trina Ternura transforma.

Contemplando a vida íntima de Maria, podemos descobrir três vertentes: a espiritualidade do lar, a espiritualidade dos anawin (ou pobres de) e a sabedoria da cruz-luz.

A) ESPIRITUALIDADE DO LAR

1. Nazaré, a aldeia mais esquecida

Eis a aldeia: um punhado de casas encravadas na colina rochosa. As grutas naturais eram completadas com pedras mal talhadas. A aldeia era um "cortiço" – palavra consagrada pela obra literária de nosso Aloísio de Azevedo – tão familiar à cultura brasileira. Nazaré era um cortiço, onde animais e pessoas conviviam em uma jubilosa harmonia. Harmonia, sim, mas muita monotonia, pois as únicas aventuras, que podiam quebrar a rotina, eram: um burro caído em um poço, uma ovelha perdida no deserto... ou a alegria de uma mulher por ter reencontrado a moedinha, alegria compartilhada com as comadres vizinhas.

A aldeia era sempre alegrada pelas crianças "na rua", não "de rua". Criança brinca de verdade com outras crianças. Nossas casas, entupidas de brinquedos, videogames não oferecem o júbilo do cortiço-Nazaré. A casa era formada, em geral, de duas grutas: uma para as pessoas e outra para os animais. Mas, não raramente, uma só gruta hospedava ambos, como foi na noite do nascimento de Jesus, em Belém.

Uma tradição, baseada em documentos sérios e provas arqueológicas, aponta uma casa de pedra localizada em Loreto (Itália) como a casa da Sagrada Família de Nazaré. Piedosas lendas dizem que a casa fora transportada por anjos; no entanto historiadores documentados atribuem a translação aos Cruzados.

Além da casa, a Sagrada Família vivia na sinagoga. Os hebreus só tinham um Templo em Jerusalém, pois o dos Samaritanos era herege. Um só Templo, mas centenas de sinagogas. Nossas mais rústicas escolas do interior não têm nada a invejar a sinagoga de Nazaré – era o centro de oração e de alfabetização. Jesus frequentava a sinagoga, onde, como toda criança, aprendera, de cor, passagens da Bíblia, sobretudo os Salmos. O pergaminho de pele de carneiro ou o rolo de papiro eram preciosos. Provavelmente, na casa da Sagrada Família não havia uma Bíblia: utilizavam o rolo da Sinagoga.

2. Com licença, posso entrar em seu lar?

É na ponta dos pés, com muito respeito, que batemos à porta da casa de Nazaré: o lar da Sagrada Família. "Com licença, posso entrar? Sou João em seu lar!"

Três exímios teólogos e biblistas nos precederam nesta santa curiosidade sobre a vida íntima de Maria: Karl Adam, Leôncio Grand-Maison, J. M. Lagrange. Eles têm penetrado no mistério da vida íntima de Jesus e Maria. Nós queremos, com pudor, contemplar a vida íntima de Maria, auxiliados também com textos históricos, que relatam a vida concreta do povo.

A casa de Maria e José era de um só vão, em parte cavoucada na rocha e em parte acrescentada com pedras, com uma só entrada. A tradição, como já relatamos, confirma-nos que a parte externa fora removida por devotos cruzados e levada à Dalmácia; posteriormente em Loreto, onde, reconstruída, permanece no interior da atual Basílica (A igrejinha Porciúncula de Assis também fica no interior de uma monumental Igreja).

Foi nessa casa que Maria passou trinta anos com Jesus e, talvez, menos tempo com José. Uma casa com pouco espaço, mas bem aproveitado: a lareira em um canto, vários nichos cavados nas pedras das paredes serviam como armários; rústicos móveis: obras de São José, carpinteiro.

A Sagrada Família vivia integrada na aldeia mais desconhecida. O Antigo Testamento nem deixa um aceno, justificado por sua insignificância.

3. Tudo guardava em seu coração

Maria e José "não compreenderam" a resposta de Jesus, que parecia insatisfatória; alguns consideravam até malcriada: "Não sabíeis que devo estar na casa de meu Pai?"

"Teu pai e eu éramos aflitos... Por que agiste assim?" Então, a pergunta ficou sem resposta, ou melhor, com outra pergunta.

Inicia, para Maria, um longo calvário misterioso: uma espada transpassará sua alma. "Tudo guardou." Não dispersou. Um dia, tudo ficará aproveitado e claro. São Lucas enfatiza: "não compreenderam". O que se passou na mente e no coração da mãe?

Diante da cruz, há duas atitudes: na primeira, a razão reage, não vendo lógica: "Isto está errado, meu Deus! Como permites isso sem sentido?" E o coração sangra em sentimentos de revolta contra Deus. Mas também há uma outra atitude: "Eu não compreendo, aliás, acho injusto, mas quero aguardar. A Vontade de Deus é misteriosa: admiro, aguardo e adoro".

Alguns mariólogos consideram essa aflição de Maria como uma das sete espadas. Outras espadas se seguirão; mas Maria, pela fé, sempre fica em pé até o Calvário, até o dia de Pentecostes quando tudo ficará claro.

4. O dia a dia de Maria

Tive a graça de estar 33 dias na Terra de Jesus, percorrendo 400 km a pé e ficando uma semana em Nazaré.

Após a celebração da Santa Missa no altar da Anunciação, passei o dia orando e reconstruindo um dia de Maria. Tenho lido, na vida de muitos santos, como era o dia a dia: do levantar ao deitar-se. Curiosos os diários de São João XXIII, do Cura d'Ars, de Santa Teresinha. O dia, para a Sagrada Família, iniciava com a oração. O texto do Deuteronômio (6,4-9) era proclamado com fidelidade e unção: "Shemá Israel Adonai..." Ouve, ó Israel ... Ouve, ó Israel: Iahweh, nosso Deus, é o único Iahweh! Portanto amarás a Iahweh teu Deus com todo o teu coração, com toda a tua alma e com toda a tua força. Que estas palavras, que hoje te ordeno, estejam em teu coração! Tu as inculcarás a teus filhos, e delas falarás sentado em tua casa e andando em teu caminho, deitado e em pé. Tu as atarás também a tua mão como um sinal, e serão como um frontal entre teus olhos; tu as escreverás nos umbrais de tua casa, e em tuas portas."

O trabalho doméstico de Maria assemelhava-se ao de todas as mães do mundo inteiro:

– Maria, com avental, inicia: comida a preparar, roupa a lavar e um olhar de cuidado a Jesus e a José;

– Maria com vassoura na mão: várias vezes ao dia deve varrer o chão, que é terra batida. É fácil perder uma moeda... Mais difícil reencontrá-la, mesmo "varrendo a casa e procurando cuidadosamente" (Lc 15,8);

– Maria com balde na mão: vai apressada à fonte da aldeia, percorrendo umas centenas de metros: é cansativo, mas todo dia deve prover a água. É na fonte onde as comadres se encontram para partilhar as novidades, não tendo ainda novelas na TV.

Aos sábados, a Sagrada Família fielmente participava, na sinagoga, da proclamação e do comentário da Palavra de Deus. Nessa sinagoga, Jesus, interpretando o texto messiânico de Isaías, provocará uma reação hostil dos fariseus e será preso brutalmente; mas conseguirá escapar.

5. Maria, ícone da Santíssima Trindade

Os mariólogos têm escrito, com fértil criatividade, páginas e páginas sobre a relação de Maria com a Santíssima Trindade. Sentindo-me a anos-luz desses exímios teólogos, procuro meditar esse mistério, colocando, nos lábios de Maria, esta oração:

"Pai de infinita Ternura,
Filho de fiel obediência,
Espírito de doce Consolação:
Como humilde filha do Pai,
Como solícita Mãe do Filho,
Como mística esposa do Espírito Santo,
Creio, espero e amo;
Glorifico, exulto e agradeço".

6. O segredo dos segredos: no santuário de Maria

Há uma literatura apócrifa que nos enriquece, embora não sendo palavra inspirada como da Bíblia. Sempre atrás de lendas há verdades que nos despertam. A túnica de Jesus, que a tradição considera tecida pela mãe, crescia em tamanho, acompanhando o crescimento físico e espiritual do filho: paralelo encantador. Tecida de uma só peça, bem simboliza a vida íntima da tecedora Maria: a túnica tinha um fio invisível, mas necessário para amarrá-la nas costas, deixando a abertura para a cabeça e também costurando os dois prolongamentos para formar as mangas. Romances e filmes se ocuparam dessa túnica, mas nós queremos ver o fio invisível que a torna unida e útil.

O segredo dos segredos da vida íntima de Maria está no Salmo 1 que, certamente, era tão familiar à mãe de Jesus. Esse é o fio invisível, mas precioso, que une e não dispersa: "Deleitai-vos na Lei do Senhor dia e noite!" (Sl 1,2) Aqui, a palavra lei significa o Amor de Deus que se revela no dia a dia, com sua Divina Vontade, no momento presente; com sua Divina Misericórdia, deixando para trás o passado; e com sua Divina Providência, sem preocupação com o futuro. O Salmo 26 devia completar a oração: "Uma só coisa pedi ao Senhor: habitar no santuário do Senhor. Ele me esconde e protege no fundo da Tenda!" (Sl 26,4-5).

Uma "outra Maria" vivenciou o segredo dos segredos: "Uma só coisa é necessária: estar aos pés do Mestre" (Lc 10,42).

A vida íntima de Maria, como fio invisível, unia o pensar, o amar e o agir. Nós estamos muito dispersos: fugindo do fundo da tenda para nos dispersar com ídolos deste país (Sl 15).

7. A oração de Maria

Os Evangelhos relatam a oração de Jesus em lugares desertos. Na espiritualidade de Carlos de Jesus somos incentivados a uma oração pessoal, em um local próprio para "não ver ninguém e não ser visto por ninguém".

Atitudes de Maria sobre a oração:

– Onde Maria orava?

Certamente, na própria casa e na sinagoga; todavia é muito provável que se retirasse em lugares mais silenciosos. Era suficiente percorrer uma centena de metros e já estar fora da aldeia-cortiço.

– Quanto tempo dava à oração?

O dia de Maria devia ser de oração contínua. Durante a gravidez, a intimidade com o filho devia ser muito intensa. Toda mãe dialoga com o filho desde a concepção. Com Jesus e José deviam cantar os salmos, intercalados com momentos de silêncio. O texto que continua fascinando é de Oseias (Os 2,16): "(...) a atrairei, conduzi-la-ei ao deserto e falar-lhe-ei ao coração".

– Maria, mestra de oração

A vida contemplativa iniciou no deserto, fora das cidades e aldeias. Hoje, não há mais deserto, clima silencioso e incomunicável. Mil formas de comunicação chegam em todo lugar.

Em um recente congresso de abades, responsáveis por mosteiros, foi apresentado o maior desafio: os mass media, internet, celular e outras mil formas de comunicação tornaram proibitivo o clima de oração. O "deleitar-se dia e noite no Amor de Deus" não encontra espaço quando a mente e o coração navegam na internet. A vida monástica, se quer sobreviver, deve voltar ao deserto mais radical. Qual solução?

– Maria, Mãe e eterno modelo

Voltar à radicalidade inicial ou entregar-se a uma agonia mortal? Após o Concílio Ecumênico Vaticano II, o culto a Maria voltou mais fortalecido. Ela continua a ser Mãe e modelo da Igreja. Modelo de interioridade. Modelo de intimidade com a Santíssima Trindade.

B) A ESPIRITUALIDADE DOS ANAWIN

Deus se serve dos meios mais pobres para realizar seu Reino e chama, às vezes, os menos capacitados. "O que é fraqueza no mundo, Deus escolheu para confundir o que é forte" (1Cor 1,27). "Anav" é o pobre de coração:

– Sente sua miséria e fraqueza;

– Confia na Divina Misericórdia e Fortaleza.

O Anav descobriu dois abismos: o TUDO de DEUS e o NADA do EU. Santo Agostinho orava sem cessar: "Que Te conheça e que me conheça". E Pascal conclui: "Só é grande quem se descobre pequeno". E Maria canta: "Ele olhou para a humildade de sua serva. O Poderoso fez em mim maravilhas". O "anav" sabe conciliar a humana miséria com a Divina Misericórdia: com humildade e ousadia. Os santos, conscientes do próprio nada, sonhavam ser missionários em todos os cantos do mundo e até o fim do mundo. Os anawin (plural de anav) foram, são e serão sempre os alicerces da Igreja: invisíveis como o fio que une as partes de um vestido; silenciosos como o orvalho que fecunda a terra; mas necessários como o sal da terra e a luz do mundo.

Santa Madre Paulina, fundadora de uma congregação, afastada de seu cargo pelo bispo mal informado, passou quase toda a sua vida nos trabalhos mais humildes e escondidos.

Irmão Mauro, monge beneditino mineiro, foi um grande testemunho para mim. Ao despedir-me dele, após um retiro de quarenta dias, perguntei: "Não achas uma vida muito monótona a tua"? Os olhos de Mauro brilharam ao responder-me: "De jeito nenhum. Ofereço cada minuto de meu dia pela conversão dos assessores do Papa. É bom orar pela conversão dos pecadores, mas também dos cardeais". Um exército de Mauros invisíveis e silenciosos, mas necessários, fecunda a Igreja: estes são os tesouros infinitamente maiores do que os mass media imaginam das riquezas do Vaticano.

C) A SABEDORIA DA CRUZ-LUZ

Voltaremos a este tema no capítulo 7: "Maria, na hora de Jesus": desde a apresentação ao Templo, com a profecia de Simeão – A ti uma espada transpassará a alma – até as cruéis perseguições, Maria assumiu a cruz com os apóstolos.

A cruz nos coloca no último lugar. O Mestre exortou: "Procurai o último lugar". Pregou o que viveu e viveu o que pregou. Foi no Calvário que aconteceu uma conversão inesperada: o centurião, vendo Jesus crucificado, torturado, insultado, nu, orando "Pai, perdoa a eles porque não sabem o que fazem", gritou: "Verdadeiramente este é o Filho de Deus!" Nunca tinha ouvido, de nenhum condenado, oração tão paradoxal.

A cruz, assumida por amor, educa-nos à humildade. E a humildade é a condição da suma sabedoria. Quantos orgulhosos empedernidos só se curvaram na cruz! Todos os cristãos, ou antes, ou depois, são acrisolados, passados no fogo, para testar se são "ouro, prata, pedra, madeira, feno, palha". "Se alguém, sobre esse fundamento, constrói com ouro, prata, pedras preciosas, madeiras, feno ou palha, a obra de cada um será posta em evidência. O dia a tornará conhecida, pois Ele se manifestará pelo fogo e o fogo provará o que vale a obra de cada um" (1Cor 3,12-13).

Tiago de Todi, nobre e rico, só se converteu após uma pesada cruz. Para se humilhar, mudou de nome: Tiagão (IACOPONE de Todi), para ficar sempre no último lugar.

"Como Jesus no Calvário, vamos ocupar o último lugar, que ninguém quer", assim Santa Teresinha exortava a Irmã Celina.

O bispo americano Fulton John Sheen foi o primeiro bispo que iniciou a evangelização de massa pela TV. Durante suas transmissões, milhões de americanos deixavam tudo para ouvi-lo. Talvez, a pregação mais original tenha sido sobre a sabedoria da cruz.

Os dois traços da cruz (vertical e horizontal), ao se encontrarem, geram conflito e dor: eis a cruz! O cristão sabe que é o encontro de duas vontades: a humana e a divina. A vertical parece precipitar-se sobre a horizontal: o cristão sabe fazer da vertical uma escada e da horizontal uma ponte: escada para subir e adorar a Deus; ponte para acolher e servir aos irmãos.

CONCLUSÃO: SIM... SIM...

O Sim de Nossa Senhora da Anunciação à Assunção.

Sim totalitário: Sim vivido como o respiro... o gesto de respirar... sim... sim... sim.

Sim que faz nascer e crescer Jesus em mim.
Sim que me faz comunicar Jesus aos outros.
Sim sincero, escondido de fatos, não de aparência.

1

MARIA, COROAMENTO DE ISRAEL

A pintura, que contemplamos na capa do livro, é de Aronne Del Vecchio, com nova leitura de Bernadete Depiccoli e Silvia Matos, de Guarapuava, Paraná.

O afresco, ou pintura sobre alvenaria, representa a Santíssima Trindade e Maria. Quer transmitir a mensagem central do Cristianismo: somos filhos para adorar e irmãos para servir. O afresco emana harmonia, júbilo, serenidade nos gestos dos Três e de Maria. A cheia de Graça é como batizada ou mergulhada na Santíssima Trindade. A ordem de Jesus foi incisiva: "Ide a todos [...] batizai em nome do Pai, do Filho e do Espírito Santo [...]. Estou convosco todos os dias até o fim do mundo..." (Mt 28,16-20).

O PAI, o braço forte, o Deus por nós, a pura gratuidade olha para a humildade de sua serva e diz: "Tu és minha filha, eu hoje te gerei" (Hb 1,5 e Sl 2,7). Ele tem o mundo em suas mãos; o mundo é obra de suas mãos (Sl 102 e Gn 1). Ele é o princípio e o fim, o Alfa e o Ômega (Ap 21,6).

O FILHO, a mão plasmadora, o Deus conosco, a pura gratidão: Jesus nos olha como olhou para Pedro, Judas,

Madalena (Levanta); Zaqueu (Desce); o jovem rico, Bartimeu; Tomé, Marta, a multidão faminta, a samaritana... Jesus diz: "Quem vê a mim, vê o Pai" (Jo 14,7-14). "Sem mim, nada podeis fazer" (Jo 15,1-5). "Ide pelo mundo inteiro" (Mt 28,16-20). Jesus, com as mãos furadas, diz: "De graça recebestes, dai de graça" (Mt 10,8). Todo cristão deve ter as mãos furadas: tudo repartir com os excluídos.

O ESPÍRITO SANTO, o dedo indicador, o Deus em nós, o êxtase. A pomba revela leveza, serenidade, simplicidade, júbilo. Os raios simbolizam, em Isaías 11,1-2, os DONS (sabedoria, entendimento, conselho, fortaleza, ciência, piedade, temor a Deus); e, em Gálatas 5,22-24, os FRUTOS (ternura, autodomínio ou sobriedade).

Maria, a cheia de graça, é a mãe que olha para seus filhos. Ela diz: "Eis aqui a serva do Senhor... Faça-se em mim conforme tua Palavra" (Lc 1,38). "Fazei tudo o que ele vos disser" (Lc 2,5). Maria quer carregar todos no colo... (Sl 130).

A) VISÃO BÍBLICA GLOBAL

1. Ouve, Israel!

A Bíblia, por dezenas de vezes, repete: "Shema Israel, Adonai. Escuta, Israel, ao Senhor" (Dt 6,4). Era essa a oração que Maria, toda manhã e ainda durante o dia, proclamava. O convite à escuta é insistente na Bíblia. Temos só uma boca, mas... duas orelhas! Devemos ser: lentos para falar, mas prontos para ouvir. Ouvir a Deus e, durante o dia, ouvir os irmãos é a missão dos cristãos.

Por que o burrinho tem orelhas grandes e o cavalo orelhas pequenas?

No princípio, Deus criou o céu, a terra e os animais, aos quais deu um nome: do elefante ao burro, até a pulga. Após um dia apenas o burro esqueceu seu nome e logo voltou ao Pai Eterno, que lhe lembrou: "Burro"! Dançando como uma cabrita, passou uma semana repetindo: "Burro, burro". Mas, voltando a amnésia, gritou: "Esqueci meu nome". Ajoelhado diante de Deus, pediu: "Por favor, qual é meu nome?" Paciente, o Criador repetiu: "Tu és burro. Se esquecer, terás um doloroso castigo!" O jumento voltou aos verdes prados. Após um mês, não conseguia lembrar seu nome. Prostrado até o chão, parecendo um tapete, pediu a Deus: "Dê-me o castigo, mas repita meu nome". Sorrindo e bem humorado, o Pai Eterno puxou as orelhinhas do burro e as esticou até ficarem desproporcionais a seu tamanho e concluiu: "Tuas orelhas serão um eterno sinal e mensagem: precisamos ser lentos para falar e sempre prontos para ouvir".

"Shema, Israel, Adonai! Escuta, Israel, ao Senhor!"

A Palavra seja sempre precedida e seguida pelo silêncio. Temos uma só boca, com dois portões e duas grades (lábios e dentes); mas temos duas orelhas para ouvir. Maria é a grande ouvinte, modelo para os cristãos.

2. Do conjunto aos pormenores

Quem não tem uma visão ampla e global, vendo só pormenores, arrisca enganar-se. Uma visão bíblica sobre Maria nos abre amplos horizontes e explica os pormenores e, ao mesmo tempo, os pormenores iluminam a visão global. Eis alguns exemplos:

– Quem é a Mulher vestida de sol com doze estrelas na cabeça? (Ap 12)

– O que ou quem simboliza a Árvore da Vida (Gn 3), ou: a Árvore do rio da Vida, cujos frutos são alimentos e as folhas são remédio? (Ap 22)

– O que há além dos sinais da Arca da Aliança, da torre de Davi, da estrela da manhã? Sara, Raquel, Ana, Rute, Ester, Judite preanunciam uma grande mulher?

3. Bíblia e História da Igreja

A Palavra de Deus, escrita na Bíblia, tornou-se cada vez mais clara ao longo da história da Igreja, novo Israel. Vinte séculos revelam, sempre melhor, o significado profundo da Bíblia. Não foram tanto os teólogos, mas foram os santos que tiveram as maiores intuições sobre a Palavra de Deus. As grandes verdades sobre Maria só se revelam gradualmente, embora já contidas na Bíblia e na tradição: são reveladas e declaradas após anos de contemplação:

– Maria Mãe de DEUS (Éfeso, 431);

– Imaculada Conceição (1854);

– Assunção de Maria (1950);

– Maria, Mãe da Igreja (1964).

Há uma misteriosa continuidade entre o Antigo e Novo Testamento e, mais ainda, nos 20 séculos de Cristianismo.

4. Quem é Maria?

Na Bíblia, encontramos as sementes; mas é sobretudo ao longo da história da Igreja que essas sementes se abrem, produzem frutos, alimentando os cristãos.

Maria está unida ao Filho em uma intensa comunhão:

– O Verbo se faz carne no seio de Maria;

– Os pastores adoram o Menino nos braços da mãe;

– Jesus é apresentado no Templo por Maria;

– Jesus opera o primeiro milagre pela intercessão de Maria;

– Jesus cura a hemorroíssa quando toca o manto tecido pela mãe;

– Jesus sobe ao Calvário acompanhado pela mãe;

– Jesus bebe o Cálice da Paixão com Maria;

– Jesus morre na Cruz e, aos pés da Cruz, está Maria;

– Jesus, descido da cruz, é acolhido nos braços da mãe;

– Jesus envia o Espírito Santo no Cenáculo: Maria está presente;

– Maria está com os primeiros cristãos perseguidos;

Maria nos espera na Jerusalém Celeste, no Paraíso.

Enfim, Maria é mãe previdente e de consciência urgente. A festa do sol, dos romanos fora tomada como comemoração do nascimento do Novo Sol, Jesus; e logo, a mãe Maria fora comparada à lua, que não tem luz própria, mas reflete a Luz do Sol: Jesus Cristo. É mãe que solicita dos filhos uma resposta urgente aos apelos da consciência.

Deus criou o sol para o dia e a lua para a noite. A um menino deu a tarefa de soltar a lua durante a noite, amarrada a um barbante invisível. E toda noite os raios da lua penetram nas casas, alertando as consciências. "Você hoje foi agressivo, você foi omisso, você foi avarento..." Os comerciantes capturaram a lua e a transformaram na maior moeda, circulando de mão em mão, tornando-se, cada vez mais, suja. E a humanidade, privada da preciosa luz da lua, caiu na depravação. Os militares compraram a lua, utilizando-a como bala de canhão que, na verdade, não conseguia ferir ninguém; e na humanidade reinava a corrupção. Enfim, a lua foi comprada para um museu de antiquários, onde uma didascália explicava: "Eu fui a lua que iluminava a noite e as consciências".

Pelas orações dos justos, Deus teve misericórdia da humanidade perversa e corrupta e, novamente, deu a tarefa de soltar a lua toda noite a uma criança inocente.

Nas famílias, a harmonia voltou. A paz renovou-se entre os povos. As consciências foram desanestesiadas. A humanidade, pelo esplendor do sol do dia, redescobriu a misericórdia e o perdão e, pela luz da lua, fez seu exame de consciência toda noite e se renovou em um júbilo perene.

B) AS TRÊS ETAPAS DO PLANO DA SALVAÇÃO

Os três primeiros capítulos do Gênesis contêm, como em semente, o plano da Salvação. Poderíamos resumi-lo em três etapas:

1. O projeto de Deus

O homem foi criado à imagem e semelhança de Deus. É o sopro de vida de Deus. Dele, saímos; nele, movemo-nos e existimos. Se Deus nos tira o sopro, voltamos a ser cinza: "És pó, em pó voltarás" (Gn 3,19). O projeto de Deus é o abismo da Ternura, o Rio da Vida: "Que todos tenham vida e vida em abundância" (Jo 10,10).

2. O Antiprojeto

Abusando da liberdade, o homem recusou o projeto de Deus, instigado pelo pai da mentira, que insinuou: "Sereis deuses". Quis construir um projeto fora de Deus e, assim, perdeu-se, pecou, deformou-se. (AVON = pecado, ou perda da forma ou da identidade inicial). E com o pecado surge a fonte de todos os males:

- Caim mata o irmão Abel;
- Corrupção geral... Dilúvio;
- Torre de Babel e toda a falta de comunicação;
- Todo pecado é autodestruição, deformação.

3. O superprojeto ou a nova criação

Ainda em Gênesis, encontramos a promessa de uma nova chance: o texto é chamado Protoevangelho (Gn 3,15): "Porei inimizade entre ti e a mulher, entre tua linhagem e a linhagem dela. Ela te esmagará a cabeça e tu lhe ferirás o calcanhar". A vocação dos patriarcas e dos profetas, de Abraão até Daniel, é um sinal da constante ternura de Deus para com seu povo. Mas toda a Bíblia apresenta os dois movimentos em constante hostilidade:

1. A força opressora do pecado: os sonhos de grandeza política (aliança com os grandes) e o poder econômico dos hebreus fracassaram;
2. A Graça libertadora se concentra em um pequeno "resto de Israel": são os pequeninos, os anawin e os humildes.

Concluindo, Maria é o coroamento de Israel. Maria é a flor de Israel. Pois nela se condensa, coagula-se, converge toda a ternura de DEUS, coroamento de Israel. Maria é cheia de graça. A Bíblia, no gráfico e no símbolo da Árvore, bem evidencia a missão de Maria.

4. Árvore da Vida

Por Eva a morte, por Maria a vida.

A árvore da vida tem como eixo os três êxodos:

- Do Egito à terra prometida;

– O caminho dos Atos dos Apóstolos;

– O paraíso do Apocalipse.

Como raízes a Árvore contém: 45 livros do Antigo Testamento, 21 históricos, 18 proféticos, 7 didáticos.

O tronco dessa Árvore abriga o mesmo Jesus, que brota de Maria, coroamento de Israel.

Em seus galhos encontramos os 27 livros do Novo Testamento: 5 históricos e 21 didáticos (14 cartas de Paulo e 7 cartas católicas ou universais) e o livro profético, Apocalipse. Em Maria, coroamento de Israel, convergem raízes e tronco da árvore da Vida.

C) MARIA, COROAMENTO DE ISRAEL

Como já afirmei, não só a Bíblia, mas também a longa tradição de vinte séculos são a fonte perene da Mariologia.

"Quantas vezes devo ler a Bíblia para entendê-la?", perguntou-me um jovem sedento da Palavra de Deus. Em primeiro lugar, precisa ter uma orientação básica. Muitos se aventuram em uma leitura sem nenhum critério. Após as orientações em cursos bíblicos, aconselho três leituras. As ressonâncias são sempre as mesmas: após a primeira leitura, constata-se: "Se a Bíblia é verdade, estou condenado!" Eu convido para uma segunda leitura, que deixa consolação: "Se a Bíblia é verdadeira, há salvação!" Enfim, após a terceira leitura, aflora o propósito: "Se a Bíblia é verdadeira, precisamos arregaçar as mangas e agir".

1. Figuras bíblicas

Apresentamos, aqui, as figuras bíblicas que se referem a Maria e revelam sua identidade e missão no Reino: Arca de

Noé (Gn 6,7-8); Escada de Jacó (Gn 28,12); Sarça ardente (Êx 3,2-3); Torre de Davi (Ct 4,4); Jardim fechado (Ct 4-12).

No dilúvio universal, que destruíra tudo, a única salvação foi a Arca de Noé. Assim, agora, nas águas ameaçadoras do mar da vida, a única salvação vem de Maria.

A escada de Jacó é o caminho para chegar até Deus. Deus veio ao mundo por meio de Maria: escada... porta... moradia de Deus. A escada é apenas meio, não fim; mas é um meio necessário.

O fogo indica a presença de alguém. Onde há fogo, há gente. Onde há Maria, há presença de Deus.

A torre é uma fortaleza para proteger-se. Mil escudos estão ali dependurados. Maria é a fortaleza que nos ampara dos mil assaltos do mundo.

Jardim tem terra boa para acolher a semente, ou seja: o Verbo de Deus.

Ainda podemos enumerar: Jerusalém – Cidade Santa (Sl 87) com seu Templo (1Rs 8), e Tenda (Êx 31). Na tenda, havia a Arca da Aliança e dentro as Tábuas da Lei. Maria é a tenda ou a arca que acolhe, em si, o Dono da Lei.

2. Maria no seio da Trindade

a) Trindade: Princípio fontal

A Trindade é o princípio fontal, é o fundamento e o centro de todos os mistérios. "Quem não nascer do alto, não pode ver o Reino" (Jo 3,3). Pelo Batismo, nós somos introduzidos no seio da Trindade. Jesus veio nos revelar o Mistério Trinitário. Hoje, há uma banalização em tudo, aplicada também na religião: é a doença do horizontal. Tudo deve vir da base, do chão, da opinião da maioria. Para o cristianismo, a verdade não é o que pensa a maioria. E a maioria não corresponde a 50% mais um!

"O Verbo se fez carne", diz João. "Desceu do céu", cantamos no Creio. Porém não se trata de um lugar alto, mas de uma erupção da Divina Ternura, qualitativamente diferente da nossa: eis o que é o sobrenatural. É um dom totalmente gratuito, que não o merecemos e que vai além de nossa natureza. Dele recebemos "Graça sobre Graça" (Jo 1). O mundo não pode conhecer esse rio da vida: talvez haja muita confusão, pois, no passado, querendo distinguir-se, foi-se distanciando; e agora, querendo misturar-se, confunde-se. Paulo nos alerta: "Buscai as coisas do alto".

O Verbo se fez carne e revelou o Mistério Trinitário, fonte de toda a vida cristã. Cristianismo não é a procura de Deus feita pelos homens, mas é a procura do homem feita por Deus. "Deus se fez homem para que o homem se tornasse Deus." Nas outras religiões, é o homem que procura Deus; no cristianismo, é Deus quem procura o homem.

b) Maria e os Três

– Filha do Pai: Maria é criatura de Deus e, sobretudo, Filha de Deus. Eleita para ser a Mãe do Salvador, tudo dele recebeu. Maria não mereceu, mas tudo nela é gratuidade. Maria é o sinal mais terno do amor gratuito do Pai. Ela é o seio que acolhe a Divina e Trina Ternura.

– Mãe do Filho: A primeira remida por Cristo é a própria Maria. Mistério inefável: Maria é Mãe do próprio Redentor, pois a pessoa formada em seu seio é o próprio Cristo.

– Esposa do Espírito Santo: Maria é Esposa do Espírito Santo. O termo 'esposa' deve ser bem entendido. São Francisco gostava de invocar Maria como esposa do Espírito

Santo. O termo "esposa" não deve levar ao ambíguo. Esposa é aquela que vive na intimidade com seu esposo: Maria foi toda acolhida, toda abertura. Abertura ao Espírito Santo. Por isso o Concílio Vaticano II prefere o termo "Templo do Espírito Santo". Afinal, todo cristão é templo do Espírito Santo; mas Maria é templo por excelência, pois a sombra do Espírito Santo a cobriu. Sombra é o símbolo da presença. Onde há sombra, há alguém presente.

3. Maria, imagem e primícias da Igreja

Maria não é um mito, mas uma verdadeira mulher que se tornou forjadora da história: menos cetro na mão e mais vassoura; menos espadas, mais avental...

Maria mora em Nazaré, aldeia insignificante. Pertence ao povo simples, embora esposa de José da genealogia davídica real. Participa ativamente da vida social: romarias até Jerusalém, festas de casamento...

D) CONSEQUÊNCIAS VIVENCIAIS

1. Maria, o terceiro livro, modelo de todo cristão

Necessitamos de modelos. Contemplando-os, tornamo-nos como eles. Se forem melhores do que nós, tornar-nos-emos melhores; se piores, piores seremos.

Para nos educar, Deus nos oferece três livros. O primeiro livro é a criação, mas o homem prefere servir as criaturas, em vez do Criador. Isso nos alerta o Concílio Vaticano II.

Para ler o primeiro livro, Deus nos deu um segundo livro; todavia poucos o leem: a Bíblia. Nela, Deus revela seu amor, dando seu próprio Filho; porém a ingratidão humana continua surda aos sinais da Ternura Divina.

E Deus nos deu um terceiro livro: Maria, que, ao logo da história, se revelou Mãe solícita e sublime modelo. Sobretudo nestes últimos séculos, Maria aparecera revelando todo o Amor de Deus e nos exortando a uma conversão permanente.

2. Ou filhos de Maria ou filhos do maligno

Somos filhos de Maria ou somos filhos do maligno. É impressionante o texto de Gênesis: "Porei inimizade entre ti e a mulher, teus filhos e filhos dela" (Gn 3,15). Nunca posso fazer amizade com o pai da mentira e seus filhos. Nunca posso aceitar a paz que o mundo me oferece.

Por falta de sabedoria, de discernimento, acabamos aceitando, em nossa vida, ideias, atitudes, hábitos que nos destroem, porque são obras do pai da mentira. Nunca, nunca, nunca posso conformar-me ao mundo! Eu estou no mundo, mas não sou do mundo! Preciso ser prudente como serpente. Preciso vigiar, pois lobos em vestes de cordeiro aparecem, "falsos profetas me seduzem". Nunca haverá paz entre os filhos de Maria e os filhos de satanás! De Gênesis até o Apocalipse, e até o fim do mundo, a luta será contínua. Nunca esqueça que bastam duas gotas de veneno para envenenar muita comida e bebida. Ninguém nunca tomou veneno, mas ele pode estar, traiçoeiramente, na comida e na bebida. Quem diz "em tudo há algo de bom: no mundo, nas novelas...", engana-se! Uma gota de mel em um copo de veneno não altera nada; uma gota de veneno em um copo de mel torna-o todo venenoso, podendo até destruir uma vida.

3. Vida por Maria, com Maria, em Maria

"Ó Maria concebida sem pecado original, rogai por nós que recorremos a vós!" Eis o caminho indicado por Maria a Santa Catarina Labouré. Necessitamos repetir essa oração dezenas de vezes. Um mariólogo sugere um programa de vida concreto, em Maria:

– Invocai Maria! Saudai Maria!

– Pensai em Maria! Honrai Maria!

– Recomendai-vos a Maria!

– Vivei em Maria!

– Silenciai em Maria! Falai com Maria!

– Alegrai-vos em Maria! Sofrei com Maria!

– Trabalhai com Maria! Vigiai com Maria!

– Orai com Maria! Andai com Maria!

– Descansai com Maria!

– Enfim: tudo por Maria, com Maria e em Maria.

– Deus juntou as águas e as chamou mar,

– Deus juntou as graças e as chamou “Maria”, que é a cheia de Graça.

2

MARIA NO MISTÉRIO DA ENCARNAÇÃO

Na Terra Santa, três são os lugares mais significativos: Jerusalém, Belém e Nazaré. Jerusalém, a cidade onde Jesus fora crucificado e ressuscitou. Belém, onde nascera e fora colocado num cocho de animais. Nazaré, onde se encarnou: "Aqui, o Verbo se fez carne".

Na peregrinação que fiz na Terra Santa, não foi no Calvário o lugar de maior emoção, nem em Belém; mas na Basílica da Anunciação. Estava beijando a placa de mármore "Aqui o Verbo se fez carne" quando uma majestosa marcha, tocada no monumental órgão, cobriu-me como uma chuva. Foi coincidência-providência. Caí em um pranto confortador ao meditar o Mistério da Encarnação: "Aqui, tudo começou; aqui, o Verbo se fez carne no seio de Maria; aqui, houve o casamento céu-terra; aqui, a divindade esvaziou-se, aniquilou-se, rebaixou-se para que a humanidade fosse divinizada; aqui, entendi todas as encarnações que se sucederam em vinte séculos".

Senão, vejamos: subamos rio acima em dois mil anos: Teresa de Calcutá se encarnou nos pobres indianos, os últimos, agonizantes, desprezados, os párias.

Uns padres, heroicamente, infiltraram-se nas fábricas como anônimos operários, para sentir o cheiro das ovelhas.

No Brasil, milhares de padres e freiras foram às periferias, deixando os colégios e as ricas mansões.

Na Ásia, missionários se infiltram nos pagodes budistas e hindus em uma inserção pastoral anônima, mas fecunda.

Carlos de Jesus, rico Visconde francês, esconde-se nas tribus Tuareg do Saara.

Dom Bosco vai à procura dos meninos de rua.

Camilo de Léllis se improvisa enfermeiro dos doentes abandonados.

Missionários Jesuítas, como mancha de óleo, espalham-se no mundo, seja nas aldeias de índios brasileiros, até na corte imperial de Pequim, como matemáticos e astrônomos.

Sobretudo subindo rio acima, chegamos aos frades mendicantes, que se tornam boias-frias para se sustentar e viver como pobres colonos.

Os monges europeus transformaram pantanais em terras fecundas.

Todos têm um modelo: Jesus encarnado em Nazaré.

A) O VERBO SE FEZ CARNE

Três são os enfoques marianos do cristão: Cristocêntrico, Eclesial e Antropológico: por Maria a Cristo e por Cristo a Maria; por Maria à Igreja e pela Igreja a Maria; por Maria ao homem e pelo homem a Maria.

O Concílio Vaticano II não oferece um tratado sobre Maria; mas na constituição sobre a Igreja inseriu a missão de Maria: como Mãe e modelo da Igreja (1964). Maria não é mais vista tanto como mulher mística, de manto precioso e coroada de diamantes. Mas como mãe solícita, solidária e inserida de avental. Após a Anunciação, não ficou estática em contemplação, quase na autocomplacência de Mãe do Messias; mas, com pressa, corre para atender a prima Isabel. "Sair para as periferias mais carentes", exorta papa Francisco. Maria, como vimos na introdução preliminar, é serva de todos, porque é adoradora do Pai. Modelo dos cristãos chamados a imitá-la: Maria é Filha para adorar e Irmã para servir.

Ao longo de vinte séculos, os seguidores de Jesus são inumeráveis. Extasiaram-se e vivenciaram o Mistério da Encarnação. A gloriosa página da experiência dos padres operários parou e, infelizmente, as novas gerações de padres, religiosos e leigos não conhecem.

Em 1963, no fervilhar do Concílio Vaticano II, fiz uma experiência curta, mas intensa, na França, com os Irmãozinhos de Carlos de Jesus, os padres operários e as novas comunidades nascidas nas periferias de Marselha. Poucos anos antes, no cais do porto de Bordeaux, tinha acontecido um acidente, que comovera a França católica e ateia: uma convergência rara e inédita. O dispositivo de segurança de um gigantesco guindaste do porto tinha falhado. A carga pesada despencou e esmagou um operário.

Nos anos cinquenta, as mortes, nessas circunstâncias, eram frequentes; mas a vítima daquele acidente era especial. Dele, só ficara uma poça de sangue. Os companheiros logo identificaram a vítima pelos comentários: "Quando eu não conseguia pagar o aluguel, Pedro me passava, em um envelope, parte de seu salário". "Para mim, foi até com irônico humor que, passando-me metade de seu salário, acrescentou: 'sou solteirão, não tenho esposa e filhos; tu precisas mais, pega e não comentes'. Meu salário de estivador não sobrava para comprar remédios. Pedro, várias vezes, quis me socorrer."

O segredo de Pedro só fora descoberto quando o bispo chegou e confessou: "Pedro é meu padre mais querido".

A emoção dos companheiros foi grande. Pedro tinha-se disfarçado tão perfeitamente, que ninguém sabia de sua identidade sacerdotal. A crônica dos jornais levou à França e ao mundo a identidade escondida. A heroica experiência dos padres operários aflorou, unindo crentes e ateus. Já eram centenas os padres operários "inseridos" que – como no Mistério da Encarnação – tinham-se humilhado, aniquilado, esvaziado. É o Mistério da Encarnação (Fl 2).

B) MARIA, MEIO DA ENCARNAÇÃO

1. Pela encarnação a Salvação

Para nós, Maria é o meio da Encarnação, não o fim; pois a meta final do Mistério da Encarnação é a "Salvação da humanidade". "Por meio de Maria, Deus veio a este mundo e é, ainda, por meio dela que o mundo e a humanidade chegarão a Deus." (São Luiz Maria Grignion de Montfort). Maria, esmagando a cabeça de satanás (pai da mentira e príncipe deste mundo), torna-se a libertadora.

2. Por que Deus quis tal meio?

O Verbo podia descer do céu com um corpo formado pela mão de Deus, como o primeiro Adão (Gn 2,7). Mas preferiu descer no corpo de uma mulher (Gl 4,4).

Por que Deus quis tal meio? O primeiro Adão saiu da mão de Deus. O segundo Adão (Cristo) podia descer do céu já com o corpo formado, mas brotou como autêntico rebento (Is 11,1) da raça que iria salvar. Queria salvá-la como um irmão da raça dos homens a resgatar.

Jesus Cristo reúne, em sua pessoa, os dois protagonistas a reconciliar: Deus e o homem.

A missão fundamental de Maria é unir o Salvador à raça humana. Ora, Deus quis que este seio ou esta tenda fosse puríssima, isenta do pecado original (Imaculada Conceição), Santa.

3. Pelo mistério da Encarnação

Maria é Mãe de Deus.

a) Maria acreditou

Maria é bem-aventurada não apenas porque Deus realizou nela grandes coisas (Lc 1,49), mas porque ela acreditou (Lc 1,44). Maria é a Cheia de Graça, objeto de todas as complacências divinas (Lc 1,28), até ser preservada do pecado original.

Maria acreditou: abriu-se à ação divina. A maternidade divina é preparada pela fé de Maria: abertura, obediência, humildade. Concebeu a carne de Cristo pela fé. Ela concebeu "Jesus antes na mente, depois no ventre".

Fé é acolher o projeto de Amor, de Deus (Santo Agostinho) ou a semente da vida. Fé é conceber a Palavra de Deus que, de Maria, fez a Mãe de Deus; e, do cristão, faz um filho de Deus.

Santidade é obra divina-humana. Por insignificante que seja a parte humana, simbolizada nas gotas de água, ela é necessária para que a obra se realize. Assim Deus quis!

Maria, com seu "sim", colabora no projeto de Deus, tornando-se Mãe de Deus.

b) Mãe de Deus cheia de Graça

Mãe cheia de Graça. A ação de Deus tem, por objeto, a Santidade. Em Maria, há como uma irrupção imprevisível de Deus, um dom gratuito e sem precedentes: "O Espírito Santo descerá sobre ti e a virtude do Altíssimo te cobrirá com tua sombra. Eis por que o Santo, que nascerá de ti, será chamado Filho de Deus" (Lc 1,35). A nuvem cobriu a arca (Êx 40,35) e o Espírito Santo cobrirá Maria, a nova arca da aliança. A presença divina a "transforma" em Mãe de Deus: mistério inefável.

c) Maria: Mãe e virgem

Em Maria, os dois impulsos mais íntimos de seu coração – MÃE E VIRGEM - realizam-se na unidade: quer ser toda de Deus... profundidade de Deus; virgem consagrada a Ele... E Maria é virgem! Quer ser mãe, pois é o desejo de toda mulher.

E Maria é mãe! São duas aspirações incompatíveis, segundo a natureza, que se realizam pelo poder do Espírito Santo.

C) ANUNCIAÇÃO COMO MISTÉRIO REVELADO

Muitas vezes, tem-se apresentado a Anunciação como a vocação de Maria. Na verdade, o centro "É Jesus". Quando se anuncia um nascimento, a mensagem central não é sobre a mãe, mas sobre a pessoa que vai nascer e sobre sua missão. Todavia, aqui, a mãe tem uma missão toda especial: quem deve nascer é Filho de Deus... E ela é "Mãe de Deus". Lucas condensou, nestes relatos, a meditação dos primeiros cristãos sobre Maria.

1. A virgem e a estéril

Há um paralelismo entre Isabel, a estéril, e Maria, a Virgem, na intervenção milagrosa de Deus: para Isabel é conceber, mesmo sendo estéril; para Maria é conceber, continuando a ser virgem.

Um outro paralelismo vemos entre João, o precursor, e Jesus, o Messias; e também entre a surpresa de Zacarias e a perturbação de Maria.

2. Também há diferenças contrastantes

Zacarias teimou na desconfiança, por isso ficou mudo por nove meses; Maria creu Naquele que tudo pode; pois, para Deus, nada é impossível. Milagrosa é a concepção de João por Isabel, sendo ela idosa e estéril. No entanto muito mais surpreendente é a concepção de Jesus, Maria permanecendo virgem.

3. Anunciação, que revela o mistério de Jesus

É a primeira BOA-NOVA ou o Primeiro Evangelho que os anjos anunciaram aos pastores. O arcanjo Gabriel é quem anuncia a Maria a grande novidade: "Conceberás e darás a luz a um filho, ao qual porás o nome de Jesus" (Lc 1,31).

São títulos dados ao Messias:

– Será "grande... como Deus" (Sl 48,2; 76,2);
– Será chamado "Filho do Altíssimo";
– Terá o trono de seu "Pai Davi";
– Será chamado "Filho de Deus".

Ele é Jesus... "Deus salva" ... o Messias.

4. Anunciação que revela o mistério de Maria

O mistério se desenvolve em um crescendo: Maria é saudada como a "Cheia de Graça", eleita para uma grande missão. Fica perturbada, pede explicações: "Como pode acontecer isso...?" O anjo explica que se trata de uma maternidade única e especial: "O Espírito Santo virá sobre ti e o poder do Altíssimo te cobrirá com sua sombra". Enfim, a resposta de Maria: "Eis-me aqui. Assumo. Faça-se em mim a vontade de Deus".

5. O cumprimento das promessas

O Deus, que intervém na concepção e no nascimento, é o mesmo Deus Salvador que interviera no tempo dos patriarcas, dos juízes, da monarquia e dos profetas. Anunciação é continuidade e coroamento do plano salvífico de Deus. Maria personifica a filha de Sião: símbolo do pequeno "resto de Israel", fiel a Javé. Em Maria se condensa todo o projeto de libertação. Eis a oração mais Bíblica:

– "Salve, ó estrela iluminada pelo sol!
– Ó escada celestial, pela qual Deus desceu!
– Ó terra, que produz o fruto que não perece!
– Salve, ó chave das portas do paraíso!
– Ó sarça ardente, que não se apaga!
– Ó mar, que engole o faraó!
– Salve, ó rocha, da qual brota a água viva!
– Ó coluna de fogo, que queima nas trevas!
– Ó alimento, melhor que o maná!
– Salve, ó terra prometida de leite e mel!
– Ó tabernáculo de Deus!
– Ó arca, endourada pelo Espírito Santo!
– Salve, ó turíbulo de ouro!
– Salve, ó perfume de Cristo!"

D) ENCARNAÇÃO COMO INSERÇÃO

O Sacrifício heroico de um missionário pode revelar o mistério da Encarnação como inserção. Jesus Cristo é a vítima do novo sacrifício, que não pertence mais à antiga, mas à nova e eterna aliança entre Deus e os Homens. Isaías, o profeta que mais revelou as características do Messias, escreveu: "Em suas chagas fomos curados" (Is 53,5).

É impossível ficar indiferente quando meditamos a Paixão de Jesus. Tudo suportou por amor. E São Paulo, como qualquer cristão, pôde dizer: "Tudo suportou por mim".

No dia 7 de maio de 1977, a Igreja reconhecia o heroísmo do Pe. Damião de Veuster, missionário belga na perdida ilha de Molokai, da Indonésia. Poucos santos viveram unidos a Cristo, na doação pela Evangelização do Povo, tão profunda e intimamente, como Damião. Molokai, chamada a ilha maldita, era o hospital e cemitério que o governo tinha reservado aos leprosos. Pe. Damião, voltando de uma longa viagem missionária, pediu água quente para lavar os pés cansados. Foi o instante revelador: seus pés tinham-se tornado insensíveis ao calor, sinal certo da lepra. O missionário belga estava leproso.

Durante a Missa, falou assim: "Irmãos, até hoje eu dizia "Vós, leprosos... Mas, de agora em diante, posso proclamar com voz mais alta: Nós, leprosos... Pois eu também sou leproso". Como um relâmpago na assembleia, irradiou-se um sentimento de compaixão: o missionário, só por amor, tinha assumido aquela ilha com o risco de ficar contagiado pela lepra. A lepra começou a tomar conta de todo o corpo do Pe. Damião, principalmente do rosto. Sua pele era uma só chaga. O mundo todo, através dos meios de comunicação, pôde acompanhar o apostolado do Padre Damião: cinco longos anos de martírio (1884-1889). Isaías (52,14) escreveu a respeito do Messias, o Servo de Javé: "Muitos o contemplaram, consternados, tão desfigurado estava seu rosto, e seu aspecto era menos que de homem".

Os jornais escreviam a mesma coisa a respeito do leproso que, para evangelizar, tinha-se encarnado na vida deles de tal modo que assumira todas as consequências. Meneando a cabeça os leprosos bem podiam repetir, como Isaías: "Em suas chagas fomos curados". Centenas de cientistas estudaram a doença da lepra. As atuais descobertas iniciaram naquele tempo. "Se o grão de trigo não morrer, não produz frutos."

Pe. Damião (1840-1889) morreu de lepra, mas hoje ninguém mais morre dessa doença. Sua morte acordou os cientistas. Os remédios foram descobertos. Hoje, os doentes de lepra podem gritar: "Em suas chagas fomos curados" (Is 53).

Conclusão: a Mim o fizestes.

Jesus exorta-nos para criar obras de misericórdia: tudo o que é feito aos últimos é feito a Jesus. Quantas vezes, distribuindo a comunhão, na mesma fila, aparecem fiéis de condições tão distantes: todos comungam o mesmo Cristo; contudo, depois, a vida os separa em um abismo invisível, mas real. Esse fiel se permite viagem turística em sofisticados cruzeiros, até repetidas romarias em santuários europeus, e aquele outro fiel não tem comida suficiente, remédio necessário, casa com aluguel acessível. Aquele outro fazendeiro conseguiu comprar novas fazendas, sem nunca repartir com os mais necessitados, os lucros provenientes de gordas safras. Sobre a propriedade particular pesa uma hipoteca social. O cristão é um proprietário; porém com a obrigação de repartir os bens com os mais necessitados.

3

MARIA MÃE DE DEUS, MÃE DO CRISTO HOMEM-DEUS

Cada vez que oro “Santa Maria, Mãe de Deus”, sinto algo que me amedronta e fascina. De um lado, parece-me um absurdo chamar uma criatura de “Mãe de Deus”; de outro lado, sinto um desejo de penetrar nesse Mistério, pois minha pessoa também está envolvida nele. O Concílio de Éfeso, em 431, proclamou “Maria, Mãe de Deus”: em grego, TEOTOKOS.

A) FUNDAMENTAÇÃO BÍBLICA

1. Relatos dos fatos

Os primeiros capítulos de Lucas relatam fatos concretos: Maria, verdadeiramente, concebeu e gerou Jesus; Maria é, verdadeiramente, a Mãe de Jesus. Quem é mãe? Quem concebe e gera um filho. Jesus é, verdadeiramente, Filho de Deus e, verdadeiramente, Filho de Maria. Jesus é uma só pessoa; não se pode separar: Jesus-homem e Jesus-Deus. Por isso deduzimos que Maria é Mãe de Deus.

São Cirilo nos alerta: “Maria não é mãe da divindade, mas mãe de um Filho que é Deus”. Não é mãe de um homem que se uniria com Deus, mas de um homem que, desde sua Conceição, é pessoalmente Deus. Maria não deu a divindade a Jesus, mas deu-lhe um corpo. Toda mãe terrena é chamada de mãe, mesmo que não dê a seus filhos a alma. A mãe é mãe da pessoa humana total, mesmo que ela tenha dado só a carne, pois a alma imortal só Deus pode dar. Maria por ter dado a Jesus um corpo pode ser chamada, verdadeiramente, a Mãe de Jesus. Sendo Jesus, Deus, Maria pode ser invocada como "Mãe de Deus".

2. Graça da maternidade Divina

Pela lei da natureza, a mulher que concebe um filho (descobre-se grávida) sente irem a seu coração as forças do amor, que fazem dela não uma máquina para procriar, mas uma mãe. Eis por que nós, cristãos, temos reservas para com os bebês de proveta.

A maternidade de Maria vai além; ela concebe, antes pela fé e depois pela carne. Maria foi crescendo, como mulher e como mãe. Seu coração fora preparado por Deus. Aqui, temos o único caso em que um filho pode "fazer" sua mãe à medida de seu desejo. Ser mãe de uma pessoa humana é uma Graça, mas ser mãe de Deus é uma Graça única. Por isso Maria é saudada como "a Cheia de Graça". É uma Graça, é suma gratuidade. Maria não mereceu ser a Mãe de Deus, mas apenas creu, abriu-se e Deus a escolheu. Mesmo sendo a Mãe de Deus, Maria é sempre uma criatura. Mesmo a mais digna e perfeita das criaturas é sempre uma criatura! Um "detalhe": Maria recebeu a Graça da Maternidade Divina.

3. Como era a oração de Maria?

Todo cristão, no dia do Batismo, começa uma nova vida, é uma nova criatura (Gl 6,15). Por esta nova vida, o cristão ora: Abba... Papai (Rm 8,16). A oração de Maria seria certamente: "Papai de ternura: creio, adoro e amo-vos".

Papa João Paulo I declarou, em uma celebre audiência: "Deus é mais Mãe do que Pai". Os Cardeais ficaram muito perplexos! Enfim, Deus é Pai e Mãe.

Pela maternidade divina, Maria, diante d'Aquele que traz consigo, pode orar: "Meu Deus e meu Filho". A oração de Maria é uma fusão de dois sentimentos:

– Maria, como criatura, adora Jesus;

– Maria, como mãe, ama Jesus.

Sua adoração de criatura e seu amor de mãe se fundem em um só gemido: "Meu Deus e meu Filho". *Subordinação que adora, ternura que ama.*

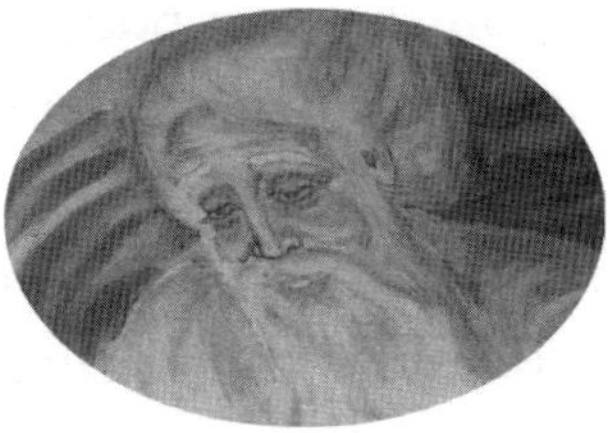

(Santuário Divina Ternura: rosto do pai, reflexo materno em Maria.)

4. Maternidade salvífica

Maria, unida a Jesus, participa da redenção: entra na "hora de Jesus".

Quando perdeu o Filho, por três dias viveu em angústia, (Lc 2,48). Mas estes foram apenas uma amostra da grande angústia que viveria na Paixão: "Uma espada transpassará tua alma" (Lc 2,35).

B) FUNDAMENTAÇÃO HISTÓRICA

Ao longo de vinte séculos, o maior dogma de Maria sempre fora a maternidade divina. Até o Concílio de Éfeso (431 d.C.), as polêmicas eram ferozes. As dez perseguições de Nero a Diocleciano tinham provocado heroísmo e deserções: santos e traidores. Há muitos relatos de martírios em todo o Império Romano e em outros países remotos: da Espanha à Índia; da França ao Egito; da Crimeia ao Marrocos. Após as perseguições, os cristãos iniciaram uma maior contemplação e uma mais profunda reflexão sobre os mistérios cristãos: Unidade e Trindade de Deus; Humanidade e Divindade de Cristo; e Maria, Mãe de Deus. Precisavam de respostas racionais: não sempre segundo a razão; mas não contra a razão, embora além da razão...

Jesus Cristo é Deus como o Pai? O Espírito Santo é Deus como o Pai? Como Jesus homem pode ser Deus ao mesmo tempo? Humanidade e Divindade podem coexistir? Maria é Mãe de Jesus homem; mas podemos separar sua humanidade da Divindade? Se o Verbo se encarnou, assumiu a humanidade; como pode continuar com a Divindade?

Após séculos de ásperas discussões e conflitos, envolvendo políticos, filósofos, cientistas, chegaram às seguintes conclusões:

– Nosso Deus é a comunhão de três pessoas iguais e distintas: Pai, Filho e Espírito Santo;

– Jesus Cristo é verdadeiramente homem e verdadeiramente Deus;

– Em Jesus, há uma só pessoa, mas duas naturezas: Humana e Divina.

No Concílio de Éfeso, os bispos definiram como dogma (verdade de fé): Maria, Mãe de Deus (em grego, Teotókos). Os questionamentos continuavam acirrados: como pode uma criatura ser mãe de Deus? Não seria esta uma monstruosa blasfêmia?

A explicação é profunda e racional. Maria é mãe, verdadeira Mãe de Jesus Cristo. Jesus Cristo é Deus. Ora, Maria é Mãe de Deus. Humanidade e Divindade de Jesus, em íntima unidade, formam uma só pessoa.

O mariólogo René Laurentin (1917-2017), falecido com a veneranda idade de 100 anos, dá-nos uma explicação por meio de uma comparação muito feliz e esclarecedora: cada pessoa humana tem corpo e alma. No concebimento, os pais dão o embrião, futuro corpo, mas não a alma criada por Deus e unida intimamente àquele corpo. Os pais são, verdadeiramente, pais desta nova pessoa humana, embora não tenham dado a alma, unicamente criada por Deus. Alma e corpo formam uma só pessoa. Como já explicamos, seria ridículo se nos dirigíssemos a nossa mãe com esta distinção sutil: "Mãe de meu corpo!"

Em Jesus Cristo, temos a humanidade e a Divindade tão unidas, até formar uma só pessoa. Por isso chamar Maria "Mãe de Deus" não está errado. Evidentemente, não no sentido que "deu a Jesus a Divindade", o que seria uma heresia; mas afirmando ser ela mãe desta pessoa Humano-Divina: Jesus Cristo.

Nestório e outros hereges chegavam a negar a maternidade Divina de Maria, pois negavam a íntima comunhão da humanidade e Divindade em Jesus Cristo.

São Cirilo de Jerusalém, sustentando a TEOTOKOS, argumentava: "O Verbo se fez carne, se fez verdadeiramente homem, continuando a ser Deus. Se a Divindade não assumiu a humanidade, então nossa redenção é vã!"

Já Santo Atanásio questionava o herege Ário, enfatizando o Mistério da Encarnação: não se trata de uma Divindade que se encontrou ou tocou a humanidade; mas se encarnou e a assumiu para redimi-la, libertá-la do pecado. O texto fundamental é da carta aos Filipenses (2,1-11): "Sendo Deus [...] esvaziou-se, abaixou-se [...]". E continuando na carta aos Efésios (1,7): "Por seu sangue, temos a redenção e a remissão dos pecados". Aqui paramos, limitando-nos à missão de Maria Mãe de Deus.

Como vimos no capítulo sobre a Encarnação, esse Mistério desencadeou e continua desencadeando os maiores santos, heróis das novas inserções, no meio dos mais pobres e últimos da sociedade.

Se o Verbo se esvaziou, rebaixou-se, aniquilou-se, humilhou-se, desapropriou-se, todos os cristãos devem segui-lo. "Tendes os mesmos sentimentos de Cristo", inicia o hino e, em seguida, elenca os verbos, aplicando-os ao Verbo eterno!

Conclusão: o bispo sapateiro

O Verbo se fez carne: humanidade e divindade formam uma só pessoa e, assim, o homem-Deus redimiu a humanidade.

Muitos missionários, seguindo o exemplo de Jesus, encarnaram-se no meio do povo pobre para viver como o Mestre. Temos exemplos luminosos, mas desconhecidos, porque muito escondidos. Quero apresentar a experiência do bispo sapateiro, Alfredo Ancel (1898-1987), bispo auxiliar de Lyon na França, pertencente à comunidade do Prado. Quis ser discípulo de Jesus, sobretudo na pobreza, inserindo-se no meio dos mais pobres, na bidonville, que traduz nossa palavra "Favela". Por anos, como padre, vivia na pobreza radical. Eleito bispo, quis assumir um novo estilo episcopal. Amigo pessoal de nosso Dom Helder Câmara, durante o Concílio Vaticano II, ecoava em seu ouvido o alerta do bispo brasileiro: "Um bispo não se mede pelo tamanho de seu carro". Dom Ancel, para se locomover, usava uma simples bicicleta – o que seria impossível para um bispo brasileiro, que deve percorrer centenas ou milhares de quilômetros em nossas vastas dioceses. Muitos bispos brasileiros tinham deixado seus palacetes episcopais, também seguindo o exemplo do bispo francês, que foi morar no bairro mais pobre, em uma pequena casa popular, no meio dos operários. Vendo que não era suficiente morar no meio dos operários mais pobres, quis trabalhar como eles, ao menos umas horas por dia, como Jesus em Nazaré. Devia escolher uma profissão que lhe possibilitasse a dedicação ao pastoreio: trabalho em casa, só por umas horas por dia. Inicialmente, trabalhou para uma empresa de confecções de Rolos. Em seguida, aprendeu a consertar sapatos, tornando-se bispo sapateiro! Umas horas por dia, fazendo um trabalho manual, não prejudicava o pastoreio. Sua presença foi tão discreta e escondida que, quando descoberta, deixou os diocesanos sem fôlego!

Relatando esse exemplo luminoso, uma ouvinte me questionou: "Um bispo tem muito a fazer! Como pode perder tempo consertando sapatos?!" Eu respondi: "Já teve um outro sumo pontífice que trabalhava de carpinteiro. Será que Jesus perdeu tempo por ter ficado consertando ferramentas de madeira até os trinta anos?!"

Quando os fiéis da diocese descobriram o bispo sapateiro ficaram mais dispostos a uma conversão de vida; mais do que ouvindo seus sermões ou lendo suas cartas pastorais.

Dom Alfredo, despistando, dizia: "Consertar sapatos, para mim, é uma terapia. Trabalho orando e preparando meus sermões". "E acrescentou: "Também São Paulo passava horas em seu tear para não ser um peso à comunidade!" (1Ts 2,4). E nosso Mestre: não trabalhava de carpinteiro? Jesus 'perdeu' trinta anos consertando arados, cabos de enxadas, móveis... Eu 'perco' só três horas, por dia, seguindo o mestre, ficando no último lugar". Dom Alfredo, em solidariedade à experiência de trabalho nas fábricas dos padres operários, dava-lhes seu apoio sólido sem declarações ou aprovações oficiais. Todo comentário estragaria esta pérola!

4

MARIA IMACULADA CONCEIÇÃO

Os primeiros cristãos, contemplando a divina maternidade (Teotókos), chegaram à conclusão de que Maria, nova Eva, não podia ter sido concebida no pecado original. Por vários séculos, a Imaculada Concepção fora objeto de longas discussões. Só em 1854, o Papa definiu o dogma da Imaculada Conceição: Maria, isenta do pecado original e de suas consequências.

Maria continua a história de Israel como coroamento. Mas também, abre um novo período. É uma nova humanidade. Maria é a nova Eva de uma nova criação.

Papa Pio IX declarou Maria "Imaculada Conceição" no dia 8 de dezembro de 1854. "No primeiro instante de sua Conceição, pela Graça e pelo privilégio (dom ou eleição) de Deus todo-poderoso, e pelos méritos de Jesus Cristo, Salvador do gênero humano, a Virgem Maria é isenta do pecado original."

Maria é salva, remida, libertada por Jesus Cristo. Como isso é possível?

A virgem foi preservada do pecado original em previsão dos méritos de Jesus Cristo. "Tu és toda bela e não há mancha em ti" (Ct 4,7).

Em Lourdes, a virgem se apresenta a Bernadete Soubirous, assim: "Eu sou a Imaculada Conceição". Em 1830, Catarina Labouré ensinou a jaculatória: "Ó Maria, concebida sem pecado original, rogai por nós que recorremos a vós".

Como descobrir essa grande verdade na Bíblia?

A) FUNDAMENTAÇÃO BÍBLICA

1. Protoevangelho (Gn 3,15)

É o texto que enfatiza a radical inimizade entre Maria com sua descendência e satanás com sua descendência.

Situação do Gênesis: vencedor, Satanás; vítimas: Adão e Eva.

Situação de hoje: vencedores: Maria e Cristo (Nova Eva e novo Adão); vítimas: Satanás e seus discípulos.

Maria esmaga a cabeça do maligno. Adão é derrotado, Cristo é vencedor.

Nós deduzimos que Maria não foi sujeita ao pecado original.

2. Símbolo da pomba

Após o dilúvio, Noé solta a pomba três vezes: na primeira vez, ela voltou, mas não pôde pousar. Era o reino da corrupção. Águas destruidoras e barro. Na segunda vez, voltou com um galho de oliveira: era o sinal da esperança. Na terceira vez, não voltou, pois encontrou onde pousar (Gn 8,8-12).

O que há atrás desse símbolo?

O Espírito Santo – simbolizado na pomba – só encontrou um lugar onde pousar: só em uma pessoa o Pai se comprazia; só em Maria o Verbo se encarnou. Maria é a Imaculada

Conceição. Nela, não há pecado. Maria foi preservada do pecado para acolher o libertador de todo o pecado.

3. Saudação do anjo e da prima Isabel

"Ave, cheia de Graça", disse o anjo. "Bendita entre as mulheres", acrescentou Isabel. Esses dois textos sempre foram interpretados como prova da Imaculada Conceição de Maria. Com Maria, inicia-se uma nova humanidade, uma nova criação. Como Adão e Eva foram criados sem pecado original, pois iniciaram a primeira humanidade, assim também Maria, concebida sem pecado original, reinicia uma nova humanidade.

Eva acolhe a palavra do maligno e recebe a morte.

Maria acolhe a palavra do Anjo e recebe a vida.

B) CONSEQUÊNCIAS VIVENCIAIS

1. Maria revela nossa identidade

Maria é a Imaculada Conceição. Isenta do pecado original, também não esteve sujeita às consequências do pecado original. Maria é a "Cheia de Graças" (sem concupiscência, morte, corrupção do corpo). Bendita entre as mulheres: eleita para ser a Mãe de DEUS.

Eu sou imagem e semelhança de Deus, filho de Deus; porém, sou, também, filho de Eva. Eu não fui isento do pecado original nem das concupiscências (instintos desequilibrados). Prefiro prevenir-me continuamente. Quando estou em pé devo cuidar para não cair. Eu sou frágil, muito frágil, pois o mal sai de dentro de mim (Mc 7,21). Preciso orar sem cessar para não cair.

2. Urgência e paciência: da pirâmide ao cálice

Pelo pecado original, nosso DNA se apresenta como empedernido em um emaranhado de instintos desordenados dos sete vícios capitais, em especial do orgulho. Passam-se os anos e nós ficamos sempre os mesmos. Só pela Graça de Deus podemos mudar. Precisamos, contemplando Maria, pedir sua intercessão para perseverar na urgência e na paciência, em um permanente itinerário de conversão.

Um exemplo pode revelar melhor o mistério das consequências do pecado original: somos miseráveis; mas, pela graça misericordiosa de Deus, podemos nos transformar.

Vaidoso em demasia e sedento de bens para ter poder, Vicente de Paulo era seminarista em Paris. O pai chegara lá no colégio para visitá-lo. Era um pobre colono, tinha vestido a melhor roupa: uma calça e um capote muito desbotados; o melhor calçado: um tamanco ainda com resquícios de bosta de vaca. O velho chapéu de palha, de largas abas, para proteger-se do sol, completava a identidade do colono caboclo. O porteiro avisou o seminarista. Vicente correu ao locutório. Mas, logo, tomado pela vergonha de ser visto pelos colegas, despediu o pai: "Não tenho tempo. Estou em aulas". Alguém perguntou: "Mas quem é este cara?" Enquanto o pai se afastava devagar, por ser coxo, o filho respondeu: "É um empregado da fazenda do pai".

Cinquenta anos mais tarde (o tempo que o pinheiro leva para passar da pirâmide ao cálice), no mesmo seminário, chegava o irmão do Pe. Vicente, agora fundador e superior-geral da congregação da missão. Pe. Vicente, que estava no salão nobre, circundado de padres e clérigos, ao anúncio da visita do irmão, prontamente ordenou: "Faça-o entrar nos fundos da cozinha".

Após meio século de treinamento, o orgulho permanecia; no entanto a Graça de Deus, enfim, venceu: o clérigo vaidoso cedia lugar ao Santo Fundador, que logo corrigiu: "Não, faça entrar aqui". O colono caboclo, com o mesmo traje do pai, sentou-se ao lado do irmão, agora superior-geral de uma renomada ordem. Vicente, vencendo os últimos resquícios de vaidade, apresenta o irmão: "Está aqui meu irmão querido. No tempo em que eu estudava aqui, ele trabalhava na lavoura para sustentar meus estudos. Fico grato a Deus e a ele por tudo".

Esse é mais um exemplo que revela a natureza humana. Só a Graça de Deus pode transformar nossa natureza, sedenta de ter, de poder, de aparecer.

Necessitamos de exemplos edificantes, escondidos – por isso mais preciosos – como os metais escondidos no ventre da terra.

Urgência e paciência para transpor o caminho da pirâmide ao cálice! O pino araucária leva anos para despir-se dos galhos, elevar-se e tornar-se como um cálice em oração. Cinquenta anos na urgência e paciência!

C) IMACULADA CONCEIÇÃO

Não houve, na história da Igreja, tantas controvérsias como sobre o tema da Imaculada Conceição. O dogma só foi definido em 1854 pelo papa Pio IX. Como enfatizei na apresentação, a identidade da pessoa de Maria de Nazaré é uma sequência de "sem sentido" ou "falta de lógica"; ou umas esquisitas exceções à regra do ser humano.

Maria é isenta do pecado original. Por que esta primeira e única exceção à regra? Maria é virgem e mãe. Por que esta estranha exceção à regra? Maria é Assunta ao céu em alma e corpo. Por que esta última exceção à regra?

Parece que a vida de Maria revela os imperscrutáveis caminhos de Deus:

– A anormalidade pode ser norma;
– A exceção pode virar regra;
– A aparente falta de lógica revela uma melhor lógica.

A Imaculada Conceição, sendo a única isenta do pecado original entre toda a humanidade, deixa-nos perplexos e encantados. Inicialmente sem lógica, aflora, depois, como um mistério, que é resposta a nossos anseios mais profundos.

A meta desta breve Mariologia Popular é traduzir, em uma linguagem fácil, o que, de fato, é difícil entender.

Recorro a um conto popular, mas cheio de sabedoria. Chegou ao céu, São Roque, com seu inseparável cachorro que, tantas vezes, tinha-lhe lambido as chagas, aliviando-lhe a dor. São Pedro, agitando nervosamente as chaves do Paraíso, foi taxativo: "Aqui não entram animais, pois não têm alma imortal. Nunca vou admitir uma exceção à regra". Nossa Senhora interveio: "Pedro, Pedro, seja compreensivo! Trata-se de uma exceção". O porteiro do céu ficou mais irritado ainda. Maria argumentou: "Eu mesma sou uma exceção pela Graça de Deus: Imaculada, Virgem-Mãe, Assunta ao céu". Pedro não podia teimar: a própria mãe do Mestre intercedia pelo último chegado. O imprevisto aconteceu: ao redor de Pedro formou-se uma multidão de beatos. O primeiro foi Noé: "Eu não quero todos os animais da arca;

mas, para matar a saudade, só dois: o primeiro e o último da fila interminável: o elefante e a pulga". Elias pediu o corvo que, pontualmente, levava-lhe comida; Daniel exigiu ao menos um leão, que o tinha poupado; Baal pediu a mula, que profetizava. Nossa Senhora, com atitude de acolhida e de alegria, pediu a Pedro que ouvisse os pedidos. Inácio de Antioquia, impaciente, desabafou: "Eu quero ao menos o tigre, que me ouviu quando os outros animais eram lerdos. Pedi que logo me devorasse para encontrar-me com meu Esposo". Felicidade e Perpétua pediram o búfalo bravo; Francisco, o lobo, que se tornou manso cordeiro; Felipe Neri exigiu a gata, que sempre o acompanhava nas andanças pela cidade eterna; Antônio de Pádua pediu os pássaros, que tinham ouvido, com atenção, a pregação. Maria, que acompanhava com atenção os pedidos, fez também o seu: "Pedro, só tenho um animal a pedir. Não podemos esquecer o burrinho que me levou ao Egito e, depois, carregou meu Filho na entrada de Jerusalém".

O porteiro do Paraíso, agora bem-humorado, sorrindo, concordou: "Jesus fez também a maior exceção. Como regra, escolhe-se o melhor líder para uma comunidade. No entanto Jesus me escolheu, mesmo pecador sem os devidos talentos".

E Maria concluiu: "Cantem o *Magnificat* e proclamem as bem-aventuranças: poderosos, destronados; ricos, de mãos vazias; perseguidos, jubilosos; famintos, saciados. O Paraíso é o novo céu e a nova terra. Nada seja eliminado, mas tudo transformado".

São Francisco de Assis, jubiloso, confirmou: "O lobo, agora, foi transformado em cordeiro mansinho".

Um coro de vozes encerrou: AMÉM!

5

MARIA SEMPRE VIRGEM

Condicionados, ou até intoxicados pelo endeusamento da sexualidade, a virgindade de Maria não parece interessar a nossa geração.

A Mariologia Católica continua ensinando que Maria foi virgem antes, durante e depois do parto. Da vida de Maria, esse é o ponto mais ignorado: a virgindade de Maria é um grande sinal (Is 7,14). Por que Jesus foi concebido virginalmente? A sexualidade é um valor fundamental na vida humana! Por que a concepção de Jesus não teve o normal processo da natureza humana, resultado de uma normal relação entre um varão e uma mulher?

Consultando dezenas de textos marianos, fiquei surpreso como uns autores receiam apresentar a Virgindade de Maria e o celibato pelo Reino quase como um desvalorizar a vocação matrimonial.

Um casal me confessou: "Vocês, padres e religiosos, após o Concílio Vaticano II, têm receio de apresentar sua vocação e seu celibato pelo Reino. Como nos faz bem ouvir e ver seus testemunhos! Isso nos fortalece em nosso compromisso de fidelidade.

Como podemos ser infiéis quando vocês vivem a radical fidelidade ao celibato pelo Reino? Se vocês vivem seus votos, mais ainda nós temos de viver nossos compromissos matrimoniais".

Considero necessário apresentar, aqui, a teologia da afetividade e sexualidade: visão cristã, fundada na Bíblia e na Tradição da Igreja.

A) VISÃO GLOBAL DA SEXUALIDADE

1. Sexualidade é uma dimensão fundamental e constitutiva da pessoa humana

O impulso afetivo sexual leva a amar, como masculino ou como feminino; seja na vida matrimonial (Mt 19,1-9), como no celibato (Mt 19,10-12). Sexualidade é uma força-energia-potencialidade de amor, que engloba a pessoa toda, nas três esferas: corporal, psíquica e espiritual. É uma força que desencadeia todas as potencialidades humanas para amar: sair do EU, da toca, para doar-se.

Como se justifica a virgindade: opção de não ter relação sexual ou prática da sexualidade genital? Sexualidade não é sinônimo de genitalidade (relação sexual conjugal), mas de vivência concreta como masculino ou como feminino, em um encontro de amor EU-TU.

Todos vivem a dimensão sexual (comportamento relacional como homem ou como mulher); mas nem todos assumem a dimensão genital, que é reservada aos cônjuges no casamento.

2. Bipolaridade sexual

A pessoa humana se apresenta bipolar: manifesta-se em dois polos complementares. Varão e Mulher, juntos, são imagem e semelhança de Deus.

A bipolaridade sexual tem origem na criação: a tarefa de transmitir a vida é confiada ao casal. A vida nasce do encontro de amor entre dois seres humanos complementares: varão e mulher. A sexualidade não deve ser endeusada, como sensação imediata de prazer, mas valorizada em sua tarefa final, que é o amor. A bipolaridade sexual é reciprocidade.

No começo de cada família sempre há a obra do homem e da mulher, na total complementaridade e reciprocidade. No começo de cada obra humana social deve haver essencialmente a cooperação masculina e feminina. Onde um dos dois (varão ou mulher) monopoliza, será a morte; no entanto onde os dois cooperam, será a primavera.

No começo de quase todas as famílias religiosas, também houve a cooperação masculina-feminina. Citemos aqui: os Beneditinos com os irmãos Bento e Escolástica; os Carmelitas com Teresa d'Ávila e João da Cruz; os Franciscanos com Francisco e Clara de Assis.

Reciprocidade, complementaridade, integração são necessárias. A bipolaridade sexual faz, do masculino e do feminino, dois companheiros de caminhada, sem opressores nem oprimidos. A bipolaridade é um apelo permanente a ser dom e acolhida. O varão é chamado a ser "dom" na acolhida: doando-se no receber. A mulher é chamada a ser "acolhida" no doar: recebendo no doar-se. No próprio ato conjugal, o homem dá e a mulher acolhe, sem excluir que também o homem acolhe e a mulher dá. Nessa complementaridade sempre existe o risco da ambiguidade. Em vez da doação e da acolhida, pode entrar o narcisismo ou amor guloso. É a doação com cobrança, é a acolhida com hipoteca: não mais amor de gratuidade, mas o egoísmo mais sofisticado e camuflado. Assim, os corpos podem ficar juntos, mas as almas já estão viúvas.

3. Os três níveis da sexualidade

Apresento três níveis da sexualidade – afetividade:

– Sexualidade – afetividade como impulso: necessidade;
– Sexualidade – afetividade como relação: encontro eu – tu;
– Sexualidade – afetividade como sublimação.

a) Impulso-Necessidade

Há impulsos que, por causa do pecado original, são irracionais e insaciáveis, por isso muito imprevisíveis e de grande risco. O inventário das necessidades humanas é vasto: comer, beber, dormir, possuir, relacionar-se... É necessário satisfazer as necessidades sempre racionalmente e dentro do plano de Deus. A necessidade-impulso tende a ser insaciável e, depois, suicida; por isso necessita ser disciplinada.

Sintomática é a parábola de Davi. O olhar de cobiça o leva à compulsão, ao adultério. Davi podia logo ter assumido sua falta, mas o orgulho não admitia a falta. Tentou justificar, tapar o sol com a peneira, iniciando, assim, uma triste parábola. É uma cegueira sem retorno: do adultério passa à mentira, ao assassinato, com consciência anestesiada.

Deus mandou Natã e Davi reconheceu seu pecado. Nem sempre há um profeta para desanestesiar nossa consciência, tirando-a da cegueira; e nós nem sempre somos um Davi que se humilha!

Todos os impulsos, a paixão erótica em especial, levam a uma cegueira em cadeia e a pecados em cadeia. O apetite sexual quando excitado, através dos sentidos, torna-se compulsivo: é impossível não o satisfazer. A hipófise (glândula fundamental do cérebro) desencadeia um verdadeiro vendaval no cerne do cérebro e dos sentidos. Como é possível segurar um carro sem freios em uma descida? O alcoólatra, o megalômano, o tarado sexual precisam de prevenção. Todos nós somos candidatos aos desequilíbrios. Só há uma solução: prevenir o primeiro passo. Os impulsos ou as necessidades estão, intimamente, interligados como vasos comunicantes: a criança gulosa será um jovem desequilibrado sexualmente; depois, um adulto orgulhoso, egoísta, apegado ao deus ter, poder, prazer.

Não é verdade que todos os impulsos são compulsivos, que devem ser satisfeitos. Jesus nos indica o caminho estreito, que nos introduz ao Reino. A comparação mais feliz é da poda dura: a videira chora, mas os cachos abundantes são garantidos. O impulso é podado para maiores frutos.

A Bíblia apresenta a cobiça fora do plano de Deus: como um grave pecado. Quem cobiçar a mulher (ou o marido) do próximo, peca, diz o decálogo. Mas Jesus foi além: "Quem olhar com cobiça a uma mulher... já pecou".

João Paulo II, surpreendendo os Curiais, alertou sobre a cobiça com a própria mulher (marido), que pode tornar-se mero objeto de prazer, como bem revela o livro de Tobias.

b) Afetividade-Relação Eu-Tu

O maior júbilo humano é o encanto diante de um tu:

- TU absoluto (DEUS-TUDO);
- TU relativo (o próximo);
- TU exclusivo (o cônjuge: marido ou mulher).

Após o encanto, há o encontro, a relação, o navegar um no outro. A pessoa humana é, "para o outro", ser inacabado, que encontra plenitude no outro.

A oração é comunhão com o TU – TUDO – DEUS. A caridade-ágape é comunhão com o próximo, que pode realizar-se em muitos níveis mais ou menos profundos. A amizade é um relacionamento profundo que a Bíblia define como grande tesouro. A amizade entre pessoas de sexo diferente parece mais extasiante. Porém pode cair na ambiguidade quando os dois são imaturos ou sem projeto claro de vida.

Ives Raguim, no livro "Celibato para nosso tempo", com sadio realismo, fala de inevitáveis "vertigens que devem ser bem administradas". Apelar à amizade de Francisco e Clara é desconhecer o relacionamento de dois santos gigantes que, mesmo maduros, souberam ser prudentes e sóbrios.

A relação exclusiva, que se realiza no matrimônio, é chamada conjugal: os dois assumem o mesmo jugo.

c) Afetividade-Sublimação

A vivência matrimonial com um tu exclusivo e a genealogia biológica é o estado, segundo a natureza. Pode existir um caminho além da natureza?

Racionalmente, é difícil justificar o celibato como "gaiola maior". Também Freud aceita a possibilidade de uma sublimação dos impulsos sexuais através da arte, da filantropia. É um caminho impossível aos homens.

Evangelicamente, há a proposta de Jesus: vivenciada e pregada, "impossível aos homens", possível pela Graça de Deus.

Historicamente, existem exemplos luminosos: vidas fecundíssimas de celibatários pelo Reino, contudo possíveis só pela Graça de Deus. É a sublimação da afetividade.

d) Como Jesus vivenciou a sexualidade?

Jesus assumiu os três níveis: o Mestre é Dono das impulsividades, Mestre da relação humana, Carismático da eunuquia pelo Reino. Jesus pregou sobre os três níveis: disciplinar os impulsos até podá-los, quando destroem o projeto; relacionar-se na total gratuidade-oblação, sem egoísmo; tornar-se eunuco na doação plena por causa do REINO. Jesus, o casto dos castos, o íntegro e integral, Aquele que nos escolheu como seus amigos, Aquele que se doou totalmente a nós, Aquele que nos fez participar de sua Vida Divina, é o Amigo por excelência. Pois: Ele ama, sem "engolir" o amigo; Ele ama, sem apego doentio; Ele é o amigo terno e exigente. Ele não se casou, para ser tudo para todos. Ele não levou em consideração a genealogia para ser mais livre no amor universal.

O primeiro amigo para o casado é o cônjuge.

O consagrado, por não ter um TU exclusivo e nem filhos terá de ser o amigo de todos; mas, especialmente, daqueles que não têm amigos, apaixonando-se por quem ninguém se apaixona.

Se houve, na história, um apaixonado por aqueles pelos quais ninguém se apaixona, este é JESUS CRISTO!

B) SEXUALIDADE: DOS QUATRO ENFOQUES À CASTIDADE

1. Sexualidade como espera de comunhão: aguarde

O que é sexualidade? É espera de comunhão. É promessa de encontro. É desejo de um TU que sacie o EU; não de um outro EU, o que seria apenas narcisismo.

Todo ser humano é sexuado: convidado a sair do próprio ovo, da própria toca, da própria autossuficiência, para encontrar o TU. Sexualidade, como espera de comunhão, é a experiência de sentir-se só, sem alguém que possa estar-lhe face a face. O outro nos faz sair de nós mesmos, tirando-nos a autossuficiência e o orgulho. Sexualidade é apelo a sair de nossa toca para acolher o outro, em especial o sexo oposto, que facilita a abertura. O adolescente se abre aos amigos e, entre eles, descobre um tu diferente (o feminino ou o masculino). Assim nascem os primeiros encantamentos ou primeiras paixões. Quanto mais descobrimos o outro, mais descobrimos nosso eu: sexualidade é espera de comunhão e encontro.

2. Sexualidade como vocação ao dom e à acolhida

A vocação humana é vocação à comunhão, vocação à troca de dons. Nessa troca de dons acontece a multiplicação dos próprios dons. O encontro de varão e mulher no matrimônio tem duas finalidades ou duas dimensões:

– unitiva: comunhão dos corações e de ideais;

– procriativa: comunhão dos corpos para gerar vidas e educá-las.

Sem a comunhão dos ideais, teríamos só união de corpos e almas viúvas! O varão é dom e acolhida, a mulher é acolhida e dom; o varão é dar no receber, a mulher é receber no dar. Nessa permuta, há complementaridade, integração, enriquecimento mútuo. Como vivenciá-la nos dois estados de vida?

O matrimônio é a aliança entre um homem e uma mulher no tripé fundamental da indissolubilidade (compromisso para sempre), fidelidade (exclusivo para com o parceiro) e fecundidade (abertura à vida). O homem é dom na acolhida e a mulher é acolhida no dom (CIC).

O celibato pelo Reino é uma proposta de Jesus: viver como Ele viveu, seguindo seus passos sem ter em consideração a genealogia. Na vida celibatária para o Reino, a sexualidade, vivida sem exercício da genitalidade, sem genealogia, possibilita maior liberdade para o Reino. Homens e mulheres, seguindo mais de perto a Cristo, que não levou em conta a genealogia, eunucos por causa do Reino, são geradores fecundíssimos de vida e de mil obras de caridade. Quando os consagrados e as consagradas trabalham juntos, são ainda mais fecundos.

3. Sexualidade como transparência: vá além

O irmão, que encontro, aponta para um TU superior. Por grande e fascinante que seja o encontro entre duas pessoas humanas, especialmente entre o masculino e o feminino, sempre há limitações, tentativas de domínio, de uso e de abuso. O TU, que encontro, aponta um TU além. É o TU-TUDO-DEUS! Dele viemos e a Ele voltaremos. O TU--irmão é saudade do TU-totalmente outro, que vai insinuando: "Não pare em mim... Vá além! Vá ao TU absoluto... ao TUDO!" O projeto primitivo de Deus previa a total harmonia dos sexos. Diz o texto (Gn 2,25): "Estavam nus, mas não sentiam vergonha". A nudez, originariamente, não era falta de pudor, mas plena transparência: vai além. Não precisava esconder nada, por não ter o menor perigo de ser explorado, usado, abusado. Enfim, não havia nenhum perigo de ser objeto. O olhar do outro não era olhar de domínio, mas de respeito e apreço. Acolhemo-nos através dos olhos; depois, do corpo todo! Porém, após o pecado original, os olhos desencadeiam a cobiça, o desejo de domínio, de tornar o outro apenas objeto de prazer. E esse é o grande risco. O olho não deve ser um olho de domínio, mas de respeito e apreço.

Só após o pecado é que cessou a harmonia. Por isso Jesus alerta sobre o olhar de cobiça ou desejo desordenado (Mt 5,27-28).

4. Sexualidade como transcendência: vá ao TUDO

Todo tu humano é um reflexo do grande TU, do TU absoluto – TUDO. O tu humano, como já descobrimos, parece insinuar: "Não pare em mim, vá além..." O tu humano me abre ao TU infinito, o único que me sacia, pois o homem tem desejos infinitos de transcendência.

Bem escreveu o místico francês Corbon: "O homem é saudade de DEUS". A resposta do homem ao projeto-proposta de amor por parte de Deus, infelizmente, foi um projeto de destruição e de soberba. "Sereis deuses", insinuou o antigo inimigo. O homem deixou-se enganar: o projeto de Deus foi modificado pelo antiprojeto. E, assim, a pessoa humana fica quebrada, dividida, em constante conflito.

Vá ao TUDO: transcendência!

5. Castidade como meta: mais íntegro e mais integral

a) A castidade é INTEGRIDADE

Castidade é a integração correta da sexualidade na pessoa e, com isso, a unidade interior do homem em seu ser corporal e espiritual. Duas são as condições (CIC 2.337): unidade interior da pessoa e capacidade de doação no relacionamento varão-mulher. Portanto a castidade comporta duas características: integridade e integralidade na doação, no matrimônio ou no celibato pelo Reino.

Para a pessoa que não é íntegra não há dom integral. Integridade é a unidade da pessoa, oposição a tudo o que pode feri-la; rejeição a toda vida incoerente e dupla. Eis como o Catecismo da Igreja Católica indica a integridade.

Para a aprendizagem do domínio de si, só há dois caminhos para o homem: ou comanda suas paixões e será feliz, ou se deixa subjugar por elas e se torna infeliz. "Tu és escravo de meus escravos", assim Aristóteles desmascarou os pecados de Alexandre Magno: soberba, vaidade, violência, ira, inveja... Só a conversão pessoal profunda leva ao domínio de si e à unidade interior. Quem não sabe dominar seus impulsos, bancando o santo, ou antes ou depois a máscara cai.

* Meios de fidelidade: para ser fiel aos compromissos assumidos é preciso usar todos os meios: conhecimento de si; prática de uma ascese adaptada ao ambiente; práticas das virtudes morais, especialmente da sobriedade; fidelidade à oração, sem ELE nada podemos; e confiança na Graça de Deus. O que é impossível aos homens é possível a Deus. "Pedi e recebereis!" Peçamos a conversão interior! O Mestre alertou: "Sem mim, nada". Integridade é a palavra-chave.

b) Castidade é integralidade: doação de si mesmo

Hoje, fala-se de pão, arroz, comida... integrais. A caridade é a síntese de todas as virtudes. A castidade é uma filha da caridade: é doação da pessoa, a maior doação; não das coisas, mas de si mesmo. Integralidade significa doação integral sem reservas, sem cálculos, sem cobrança. A maneira de vivê-la é dupla:

– no matrimônio: a doação se expressa na vida conjugal, com a procriação e educação dos filhos;

– no celibato pelo Reino: a doação é mais universal. Ambas as vocações são escolas de caridade: o casado e o consagrado devem ser testemunhas da Divina Ternura.

c) Castidade é radicalidade

Podemos, agora, concretizar nosso projeto de vida:

– íntegro para mim;

– integral para os irmãos.

A castidade não se reduz à abstenção da relação sexual para os solteiros ou a fidelidade conjugal para os casados. Todas as outras expressões físicas e psicológicas (pensamentos ou cobiças), que visam saciar a libido ou desejo sexual desordenado, fora do plano de Deus, são pecaminosas.

Na complementação homem-mulher é preciso distinguir bem as duas esferas:

– Relação de amigos;

– Relação de cônjuge ou do tu exclusivo.

C) DECÁLOGO DO CORAÇÃO PURO

Apresentamos um pequeno decálogo que pode abrir o caminho reto:

1. A castidade é possível. Se em nossa cabeça entra a cultura do mundo, que considera impossível e utópica a vivência da castidade, como é apresentada na Bíblia, então tudo vai ruir. Sim, a castidade é possível, porque é fiel ao plano de Deus.

2. A castidade é possível com a Graça de Deus e o cultivo permanente das outras virtudes. A preguiça, a gula levam, infalivelmente, aos desvios sexuais. O Mestre disse: "Sem mim nada podeis fazer". Sem a Graça de Deus é impossível ser casto.

3. A castidade é necessária para todos. Pais puritanos exigem dos filhos uma castidade formal; mas eles vivem em desvios sexuais graves. Casados, solteiros, consagrados devem viver a castidade segundo seu próprio estado de vida.

4. A castidade deve ser radical: não admite meias medidas. Nas outras virtudes, é possível. A pobreza pode ter meias medidas; a castidade, pelo envolvimento afetivo intenso, exige mais radicalidade.

5. A castidade é mais fácil se vivenciada desde a juventude: "Ensina o caminho reto à criança e, mesmo quando for velha, não se desviará dele" (Pr 22,6). Tenha um diretor espiritual: "Que teu pé gaste a soleira da casa do sábio" (Ecl 6,36).

6. A castidade nos dá nova visão e sabedoria. Supérfluo verificar a cegueira que causa uma paixão erótica, o vício dos desvios sexuais, até tirar todo raciocínio. Não é verdade que o amor é cego; cega é a paixão, o vício. O amor é racional.

7. A castidade nos dá força permanente e novo vigor. Os castos têm uma energia incrível; os viciados sexuais são presos a cabos de aço.

8. A castidade nos dá gosto pela oração e pelo apostolado. Por que muitos não conseguem orar? A falta de castidade tira todo o gosto pelas coisas do alto.

9. A castidade nos dá o maior júbilo. As pessoas mais felizes sempre foram os castos. Os impuros podem ter prazeres passageiros; nunca júbilo profundo e duradouro.

10. A castidade contagia e emana a seu redor. Quem cobiça, prende as pessoas; quem ama, emana amor.

D) A VIRGINDADE DE MARIA – FUNDAMENTO DO CELIBATO PELO REINO

1. Eis um decálogo preliminar

1. A virgindade de Maria revela um novo Amor: doação direta a Deus, renunciando às formas exclusivas do amor humano para cumprir sua perfeição universal, servindo aos irmãos.

2. A virgindade de Maria não é uma anomalia ou supérflua exceção às leis da natureza, mas uma imprevisível surpresa de Deus, que torna a encarnação do Verbo em Maria:

mais fecunda, mais solidária (tanto para os casados quanto para os solteiros) e mais perto de nós, do que uma normal relação sexual.

3. A virgindade de Maria se abre à suprema fecundidade: o nascimento do Filho de Deus.

4. A virgindade de Maria é vista pelo mundo como incapacidade de doar-se ou quase ausência de afetividade; todavia vista pelo Evangelho, torna-se suma capacidade de uma doação mais exigente e total.

5. A virgindade de Maria não é valorizada, porque é abafada e até ridicularizada pela exaltação das várias expressões da sexualidade, na insaciável libertinagem.

6. A virgindade de Maria inspirou milhões de imitadores como referencial na vida contemplativa e apostólica.

7. A virgindade de Maria é o fundamento de todas as ordens e congregações.

8. As comunidades, que mais valorizaram a virgindade de Maria, tiveram o maior número de vocações contemplativas e apostólicas com suas mil obras de misericórdia.

9. As comunidades, que menos valorizaram a virgindade de Maria, agonizaram até se extinguirem. Muitas comunidades, hoje privadas dos consagrados ao Reino, tornaram-se estéreis. A Holanda, que teve milhares de celibatários pelo Reino, dos quais cinco mil missionários estavam espalhados pelo mundo, fecha muitas igrejas por falta de fiéis, cuja causa é a falta de fé.

10. A virgindade de Maria deve ser divulgada, fundamentada, proposta aos jovens, pois a Conceição virginal de Maria é o ato inicial da salvação. O Filho de Deus se faz filho do homem.

2. O que revela a VIRGINDADE DE MARIA?

Os mariólogos tentam dar uma resposta para o que revela a virgindade de Maria. Mas o misterioso plano divino sempre levanta outras perguntas, sem respostas satisfatórias para nossa limitada razão. Mistério não é incapacidade de entender, mas é passar de descobertas em descobertas sem nunca acabar de entender.

Mistério não é visão, segundo a simples razão, nem contra a razão; mas além da razão.

A virgindade de Maria revela que Deus escolhe os meios mais pobres para salvar os homens.

A espiritualidade bíblica dos anawin revela a misteriosa pedagogia de Deus. A virgindade é um modo de participar do total desprendimento de si mesmo, que Cristo viveu e pregou.

Para Jesus, a genealogia biológica é secundária. O que vale é a filiação divina (somos filhos de Deus).

A virgindade de Maria proclama que: "Quem age é só Deus". O homem é dispensado. Maria, mulher e virgem, é valorizada.

Na época de Maria e até hoje, ser mulher e ser virgem (ou estéril ou solteira) é quase uma humilhação. A virgindade de Maria é pobreza evangélica. Jesus renuncia ao poder, ao dinheiro, ao casamento e a sua própria vida. Na conceição do homem Jesus de Nazaré, o varão é dispensado, não a mulher. Aqui, a mulher assume um papel fundamental.

Um dos maiores teólogos protestantes sintoniza com a teologia católica: "Deus não escolheu sua criatura em sua forma viril, nem em seu orgulho e nem em sua agressividade; mas a criatura em sua debilidade e sua humildade" (Karl Barth).

3. Celibato pelo Reino

a) Seguir Jesus mais de perto

O fundamento evangélico da vida consagrada está naquela relação especial que JESUS teve com alguns discípulos, convidando-os não só a acolher o Reino de Deus em sua Vida, mas a deixar TUDO. Só quem tudo deixa, pode seguir JESUS mais de perto, imitando sua forma de vida:

– Ele é pobre: assume a pobreza;

– Ele é celibatário: assume a eunuquia pelo Reino;

– Ele é obediente até dar sua vida na cruz.

Seria oportuno repetir, aqui, mais uma vez, que os conselhos Evangélicos não são tanto renúncias, mas meios para seguir JESUS mais de perto. São caminhos de libertação dos deuses ter, poder, prazer, aparecer. É para uma maior liberdade pelo Reino que o religioso assume os conselhos evangélicos: é também renúncia, mas renúncia para uma maior liberdade, para um projeto maior. É dizer muitos nãos, para poder dizer um sim generoso, dando tudo. É um deixar todas as coisas para ter o TU – TUDO! A exortação "Vida Consagrada" afirma, categoricamente, que o celibato pelo Reino é "o primeiro e mais essencial dos conselhos evangélicos". A consagração batismal, que todos devem assumir, é levada a uma resposta radical no seguimento de Cristo.

Na verdade, todos os cristãos devem viver a pobreza e a obediência para seguir Jesus mais de perto. Mas só alguns são chamados a EUNUQUIA pelo Reino.

Este, portanto, é o conselho primeiro e mais essencial do Religioso.

b) Celibato, amor sem partilha

O celibato pelo Reino é um ideal de amor e de libertação. É difícil entendê-lo racionalmente. Ninguém pode nutrir a pretensão de conseguir obter uma compreensão total desse mistério (Häring).

"Quem tem ouvidos, ouça", disse Jesus. A opção pelo celibato deve ser livre, consciente, madura. A essência mais profunda do celibato não reside na renúncia, como tal, ao matrimônio ou a um serviço apostólico; mas a uma modalidade privilegiada de amor que, de fato, exige também uma renúncia e manifesta grande fecundidade apostólica pelo serviço prestado ao Reino de Deus. O núcleo do celibato consiste nisso:

– Dom total de si mesmo pelo Reino;

– Amor íntimo ao Cristo até assumir seu estilo de vida celibatária: uma vida que conheceu todos os amores, menos o amor conjugal;

– Dedicação total ao Reino: tão exclusiva, tão íntima e tão forte como a da "Mulher casada que cuida das coisas que são do mundo e de agradar ao marido" (1Cor 7,33);

– Renúncia voluntariamente feita e alegremente assumida na plenitude do amor de Cristo;

– Libertação pessoal e profunda: o celibatário se sente sequestrado por Jesus e não vê, na renúncia ao matrimônio, uma perda, mas um ganho.

O celibato é um dom de Deus, uma graça especial, dada a alguns, em benefício de toda a Igreja. O carisma, que o celibatário recebe, não é só para ele, mas é para todo o corpo místico. Uma comunidade que não tem celibatários pelo Reino está privada de um grande dom. O húmus de toda a comunidade deve produzir ou criar condições para que surjam celibatários em benefício da mesma comunidade e de outras comunidades mais pobres.

Sem amor, o homem não vive. O celibatário não escolhe contra um amor, mas assume outro amor. O celibatário sente-se atraído a uma grande intimidade com Cristo e relativiza outros amores humanos (parentesco, pai, mãe, irmãos... e o amor conjugal). O celibatário descobre um outro amor, maior do que um amor humano!

É difícil entender o sentido profundo do celibato; só o vivendo: é dizer sim ao Amor universal e absoluto. Amar é dizer sim ao outro; um sim profundo que dá tudo e pede tudo. Dizer sim supõe uma certeza, um ato de confiança. O amor é um abismo, cujo fundo não pode ser visto nem pelo casado (amor conjugal), nem pelo celibatário (amor ao Reino). O amor é uma longa marcha, até dolorosa, pois nem sempre se tem certeza de amar e de ser amado. Dizer sim ao amor é abrir a porta ao outro. Ao celibatário, Deus manifesta, pessoalmente, um amor tal, que ele não pode dizer sim, a não ser dizendo, antes, não ao amor matrimonial. Se não disser não ao amor conjugal, sempre viverá em conflito. Talvez seja esse o drama de muitos seminaristas, noviços ou até padres e freiras.

Todo amor autêntico fala de uma posse total e eterna. O amor humano, também o conjugal, é incapaz de realizar, profundamente, todos os seus anseios, pelas múltiplas barreiras e, enfim, pela separação da morte. O coração humano foi feito para um amor absoluto. O matrimônio é apenas um balbuciar desse amor superior, que o celibato já prefigura. O celibatário mostra, aos esposos, que devem, mais cedo ou mais tarde, transcender-se e ir além para o amor definitivo de Deus. A perda da virgindade biológica fora do matrimônio é, para os laxistas (os que perderam o sentido do pecado), sem importância ou algo de normal; e, para os escrupulosos, pode tornar-se empecilho proibitivo para uma opção celibatária pelo Reino. A perda da virgindade não torna proibitiva a opção celibatária.

c) Significado Cristológico do celibato

O celibatário sente Jesus se aproximar tanto e manifestar um amor tão grande que todo outro sonho de amor é varrido. A decisão de assumir o celibato é a consequência de um encontro de amor entre o homem e seu Deus. O celibato, em si, não é o amor, mas a expressão, o sinal, a condição para responder ao amor.

Paulo VI exortou os padres à fidelidade ao celibato com estas palavras emocionantes: "Padre, lembra quando Ele passou a teu lado e te seduziu – Tu serás eternamente meu – e tu, em um ímpeto de amor, respondeste – Eu também quero ser teu, todo teu".

4. A virgindade de Maria, sinal de ágape eterno

A virgindade, em si, não é um valor, não tem sentido. Mas a virgindade consagrada como opção de vida, ou o celibato por causa do Reino, é um grande valor:

É descentralizar-se para centralizar-se só em Deus;

É desvincular-se do sangue e da carne para dilatar-se ao amor universal;

É contínua abertura, disponibilidade, serviço;

É renúncia, a qualquer prazer e apoio, ao desejo da descendência, ao desejo de ver a própria vida prolongar-se e rejuvenescer nos filhos, netos e bisnetos!

A virgindade possibilita um amor mais amplo: as pessoas virgens pelo Reino marcaram a história; foram de uma fecundidade prodigiosa e encantadora. Por quê? Porque Deus consagra o vazio do(a) virgem com sua presença fecunda.

As filhas espirituais de Santa Clara virgem não se contam... Hoje, as filhas de Madre Teresa de Calcutá são inumeráveis.

No Paraíso, não haverá mais nem macho nem fêmea. Um dia, apresentaram a Jesus um caso limite: no céu, a qual dos maridos pertencerá a mulher casada sete vezes aqui na terra? Ao primeiro marido ou ao sétimo? A virgindade pelo Reino de Deus é um sinal de parusia do Reino definitivo, do ágape eterno, em que não haverá mais a diferenciação de sexo.

A idolatria do sexo sempre foi uma tentação do homem e da mulher. Maria, virgem, anuncia o Reino definitivo com a própria vida. A virgindade de Maria proclama a nova dignidade da mulher. Pelo pecado original, toda mulher "sente o desejo que a impele ao marido e é dominada pelo homem" (Gn 3,16). Pela virgindade, dando à luz o Filho sem dores no parto e pela isenção do pecado original, Maria torna-se nova mulher: sem impulso cego ao homem, sem dominação do homem e sem dores no parto. Maria é A NOVA EVA.

A virgindade de Maria é sinal de ágape eterno!

E) A VIRGINDADE NA ESPIRITUALIDADE ANAWITA

Podemos abrir o horizonte e ver a virgindade como valor na espiritualidade dos anawin – pobres de coração. Deus se serve dos meios mais pobres e das pessoas mais frágeis.

1. Livre é o coração de pobre

Jesus iniciou sua pregação apontando caminhos de felicidade: "Felizes os que têm um coração de pobre". O que significa coração de pobre? É o coração que revela dois sentimentos, quase contraditórios: o coração que se sente fraco e forte; humilde e ousado.

O coração de pobre sente-se frágil, pobre, dependente, necessitado de tudo, mas forte e amado por Deus.

A Bíblia não dá definições do coração de pobre, mas apresenta "modelos". Na língua hebraica, os pobres, que confiam no poder de Deus, são chamados "anawin": patriarcas, profetas, reis, camponeses, poetas, pescadores, comerciantes... são apresentados como anawin. São pessoas que se deixam guiar por Deus, atentos ouvintes aos apelos dele, prontos executores de suas ordens.

Abraão deixa sua terra, José sofre injustiças; Davi assume uma tarefa, Daniel entra na cova dos leões. Afinal, todos confiaram no poder de Deus.

2. Quem são os anawin?

São pessoas: abertas, não fechadas no próprio EU; agarradas em Deus e confiantes em sua providência; solidárias e misericordiosas, sensíveis aos oprimidos; humildes: assumem a própria identidade sem procurar seguranças humanas ou amizades influentes; mansas: vivem nas mãos de Deus sem temer adversidades ou perseguições; puras: não se deixam intoxicar por pensamentos ou atos que destroem a própria identidade; fortes: não acreditam em "olho gordo", superstições ou outras crendices, mas só no poder de Deus!

Jó parece o protótipo, simbolizando o mesmo povo de Israel, o anav por excelência. Todavia o texto sagrado, que relata o encontro entre Davi e Golias, é sem dúvida uma das apresentações mais felizes de toda a literatura bíblica sobre os anawin (1Sm 17). Temos aqui o encontro frente a frente: do anav – insuficiente, fraco, desprotegido – e do autossuficiente, forte e superarmado. Houve um Duelo dramático entre: Davi anav – insuficiente; Golias – autossuficiente. O hagiógrafo parece demorar nos pormenores, até cômicos, para realçar a cândida figura do anav Davi. Saul força Davi a vestir a equipagem real completa do guerreiro prudente, e Davi aceita. Sob o peso da couraça, do capacete e das armas, Davi, ainda adolescente, ingenuamente confessa: "Desse jeito eu não posso nem andar... como poderei combater?" Davi volta a ser ele mesmo: o pastor armado apenas do cajado, da funda e das pedras. Golias avança, precedido por seu escudeiro, carregando armas desproporcionadas para matar o pequeno inimigo. Antes da luta, há o rito do desafio. Do confronto, aparecem dois estilos diametralmente opostos: "Sou eu, porventura, um cão para vires a mim com um cajado?", diz Golias. Amaldiçoou-o em nome de seus deuses e continuou: "Vem, e eu darei a tua carne às aves do céu e aos animais da terra" (1Sm 17,45-47). O duelo durou pouco: uma simples pedrinha de Davi feriu o gigante, que caiu com o rosto por terra. Foi logo degolado pelo pastor com a mesma espada que Golias carregava.

3. O anav dos anawin: derruba os três falsos deuses

Toda a vida de Jesus é o modelo dos anawin. Nasce em Belém, na pobreza, derrubando o ídolo ter. Vive no escondimento de Nazaré, desmoronando o ídolo aparecer. Assume a humilhação da cruz em Jerusalém, derrotando o ídolo poder-vencer. Jesus derrubou os três falsos deuses: ter-aparecer-vencer. É uma vida aparentemente fracassada. É uma vida-mistério: não dá para entender. Ele mesmo, incompreendido pelos sábios, rezou assim: "Eu te louvo, ó Pai, porque escondeste estas coisas aos sábios e as revelaste aos pequeninos" (Mt 11,25). O desfecho final de sua vida parece mais ainda um fracasso total: crucificado e morto. Mas logo inicia o paradoxo-surpresa: Morte-Vida "Se o grão de trigo morre... dá frutos"; Perda-Ganho "Quem perde sua vida... ganha". Humilhação-Exaltação "Quem se humilha... será exaltado".

4. Do Senhor é a vitória

O anav é, ao mesmo tempo, frágil e forte: sente-se, desproporcionadamente, fraco diante das batalhas da vida; mas sente, em seu íntimo, uma confiança ilimitada no poder de Deus. Um pequeno versículo do livro dos Provérbios nos alerta com estilo incisivo: "Prepare-se o cavalo para a batalha, contudo a vitória pertence ao Senhor" (Pr 21,31). Na vida do anav não pode haver nem a sombra de qualquer vaidade ou orgulho.

E nós todos estamos encharcados de soberba... Temos uma doença crônica: onde passamos, queremos deixar nossa assinatura. Consideramos nossa propriedade as boas obras que fazemos e, o que é pior, tentamos divulgá-las para ser elogiados. "Eu fiz... Fiz por meu intermédio que... Se ele conseguiu é porque eu ajudei... Graças a meu trabalho foi feito isso..."

O anav não se sente proprietário do bem que fez; jamais carrega consigo as boas obras feitas. Aliás, parece ter uma esquisita amnésia: a mão direita esquece o bem feito pela mão esquerda. "A vitória pertence ao Senhor."

5. Os anawin na misteriosa pedagogia do fracasso

Davi venceu, mas nem sempre nós vencemos. O anav também fracassa. O fracasso não é a meta do homem. Seria frustrante se nosso ponto final fosse a derrota; contudo, o fracasso parece ter uma misteriosa pedagogia. O sofrimento nos interioriza, paramos e cavoucamos para procurar respostas.

Quem não sofre, geralmente, fica criança. Ai dos pais que se angustiam: "Não quero que meu filho sofra, não admito que meu filho seja humilhado". Sofrimento, fracasso, humilhação, no projeto de Deus, têm uma finalidade. O fracasso sempre nos obriga a descobrir e assumir nossa identidade. O sucesso nos leva à beira do perigoso abismo do orgulho. É difícil resistir à tentação do orgulho, pois o sucesso entulha a mente e o coração. É necessária uma constante desintoxicação ou exorcismo.

Péguy escreveu um texto famoso: "Nous sommes des vaincus" (somos uns vencidos). Analisa com profunda perspicácia: "No sucesso, há sempre uma certa impureza... Na sorte, há sempre um resíduo impuro..." (C. Péguy, Oevres em prose, vol. II, Plêiade, p. 35).

A história é mestra da vida. Quantos sucessos foram, enfim, desembocar nas piores aberrações. Por isso precisamos discernir nossas atitudes diante dos êxitos. Quando o sucesso nos faz esquecer nossa identidade, caímos na pior alienação. Vimos amigos esquecer sua identidade e suas raízes só por terem conseguido sucesso. O anav sabe dos fracassos tirar lições de sabedoria para descobrir e assumir a própria identidade: é a misteriosa pedagogia do fracasso!

Conclusão: Maria Virgem

O mistério, que mais nos admira e nos encanta na vida de Jesus, é o Mistério Pascal: Paixão, Morte e Ressurreição. Em Maria é sua maternidade virginal.

Por que este mistério? É possível penetrá-lo?

Pode-se considerar como três aspectos ou três nascimentos do VERBO:

1. O Verbo é gerado pelo Pai: Filho de Deus em uma geração única desde toda a eternidade: sem começo e sem fim;

2. O Verbo nasce de Maria: Ele é o Filho do homem; é o nascimento no tempo;

3. O Verbo nasce em cada cristão: Ele é minha vida. Sem Ele, nada! É o nascimento pelo Batismo: nascimento no tempo para a eternidade.

No seio do Pai, o Filho é gerado sem mãe.
No seio de Maria, o Verbo nasce sem Pai.
No cristão, Jesus nasce como irmão.
Todo cristão tem Deus por Pai e Maria por Mãe.

6

MARIA, NOSSA MÃE

Em nós, há dois anseios irresistíveis: amar e ser amado. Qual dos dois prevalece? São Francisco canta: "Que eu procure mais amar, do que ser amado. Pois é dando que se recebe".

Em um retiro de adolescentes de um orfanato, estava atendendo, individualmente, cada participante. Atrás de cada rosto, havia uma história dramática. Irmã Eunice tinha me alertado: "Dê mais atenção para Manu, é o mais carente". Chegou o último da fila. Logo perguntei: "Quem és tu? Teu nome?" Após um longo suspiro, veio a resposta: "Eu sou Zé ninguém. Não sei onde e quando nasci". Eu o interrompi. "Mas você tem um nome!" Respondeu irônico e cômico: "Já me apresentei: Zé ninguém. Não conheci os pais. Desde pequeno, com meu irmão mais velho, fui confiado a um tio, mas nossa convivência devia ter sido um martírio, porque meu irmão me carregou e fugimos. Fomos perambulando até nos abrigar debaixo de uma ponte e esmolar o dia inteiro". Novamente, interrompi-o. "Deves lembrar a convivência na casa do tio ... não tens mesmo uma vaga lembrança de uma casa, de uma família?" Com olhos e até a boca aberta, após uns minutos, recomeçou: "Não lembro nada de nada, apenas a ponte; sim, aquela ponte alta e nós, abrigados ao pé de um pilar, fazendo fogo para nos esquentar. Eu sou Zé ninguém, sem pai, sem mãe, sem casa... Um dia, entramos em um pomar, mas logo um cachorro bravo nos atacou. Tenho ainda a cicatriz no calcanhar. Enfim, apareceu um anjo. Lembro bem, era em um pôr do sol. Irmã Eunice aproximou-se e, com seu jeito meigo, conquistou-nos. Sim, temos um lar, mas eu sonho encontrar o pai e a mãe. Chego a escrever cartas e as enterro, esperando que um dia cheguem a eles".

O retiro continuou, mas eu estava transtornado. E, naquela noite, a "hora mariana" ficou mais rica: tentei emanar a todos a ternura da mãe Maria. A sede de mãe está em nosso DNA.

A) RETORNO AO AFETIVO

Assistimos a dois fenômenos curiosos: de um lado, há uma rejeição a todo tipo de dependência, inclusive a rejeição das próprias raízes. Quantos jovens querem sair de casa e quantos adolescentes querem trabalhar para ter seu próprio salário! Querem ser independentes dos pais. Ao mesmo tempo, assistimos a uma volta ao afetivo: a sede de ternura, da presença materna ou paterna.

1. Uma inédita leitura da história

O fundador da terceira escola de psicologia de Viena, Viktor Frankl, após uma dolorosa experiência em um campo de concentração e profundos estudos sobre a história, chegou a formular uma curiosa interpretação, limitando-a ao ocidente.

Nos primórdios da humanidade, os impulsos criaram os mitos: da força (Hércules), da gula (Baco), da sexualidade

(Vênus), da paixão erótica (Cupido), da curiosidade (Ícaro), da inveja (Juno e Júpiter) e de mil outros.

A mitologia greco-romana foi fértil em criar fábulas e lendas que contribuíssem com explicações a nossos desregrados impulsos. E a era dos mitos seguiu a era da razão, que criou a filosofia. Sócrates, Platão, Aristóteles deram sábias respostas a nossos anseios. O historiador Fraile afirma que a filosofia grega esgotou todas as possíveis saídas a nossos questionamentos.

Na idade moderna, as ciências criaram a tecnologia com novas descobertas em todos os campos: agricultura, indústrias, comércio. E chegamos à era contemporânea. A procura de uma melhor comunicação criou a informática, com suas infinitas e inesgotáveis descobertas. Viktor Frankl questiona este mundo, cada vez mais informado, mas carente de afetividade, de relação EU – TU. E conclui sua análise: "ou entramos no afetivo e na ternura ou agonizamos no mais sofisticado egoísmo".

Na Bíblia, encontramos mil e uma vezes as palavras que mais despertam ternura: Mãe (220 vezes) e mulher (781 vezes). Pode haver ternura sem mãe? Sem mulher? Não é a mulher mãe que revela mais a ternura de Deus?

2. Mãe – Ternura

Mãe desperta ternura, pede ternura, é ternura. Por que essa associação de ideias? A mãe acolhe a vida nos momentos iniciais de maior fragilidade e dependência. A mãe acolhe o embrião: nela, a vida é concebida. Por isso a mãe é comparada à terra que acolhe a semente, ao orvalho que lubrifica, ao silêncio que acolhe a Palavra. A mãe segura e cuida, dentro de si, a vida que se desenvolve. Após umas semanas, o coração da criança explode: começa a bater. E a mãe já começa o diálogo com a criança; os dois se entendem. A criança pede, cada vez mais, espaço, e a mãe cede; seu corpo e sua pele se adaptam à "prepotência" do inquilino que tudo quer para si. Enfim, dentro não é possível mais haver espaço, e a criança é convidada a sair. Para sobreviver, deve sair! Há as últimas tentativas para ficar. Mas logo forças misteriosas e contrações do parto empurram a criança para fora, para poder crescer mais ainda.

Então, recomeça uma parábola de ternura: a mãe amamenta. O primeiro alimento da criança é o leite materno. Por vários meses, a criança é dependente da mãe. Pede comida, limpeza e mil atenções. O choro da criança comunica à mãe: "Acuda-me!"

Os anos passam, mas a mãe é sempre mãe: para ela, os filhos são sempre frágeis e dependentes.

3. Maria é nossa mãe

Tudo o que uma mãe faz por seu filho, Maria faz por nós. E mais ainda: uma mãe pode até abandonar um filho, mas Maria nunca nos abandona. Maria, atentamente, cuida de nós.

A mãe de um filho rebelde pediu a Maria: "Cuide de meu filho, não tire tua mão da cabeça dele". Mas Maria respondeu: "Estou tentando, mas é uma ginástica quase impossível: a cabecinha de seu filho foge sempre de minha mão". A oração da mãe continuou perseverante. Aquele filho, um dia, converteu-se e tornou-se "Santo Antônio, bispo de Florença". Há um mistério em todas as conversões, pois, em todas, há a presença de Maria.

Estamos com medo de falar de Maria para os protestantes e os crentes, quando, em vez, deveríamos, com discrição, mas com ousadia, falar Dela. Nas próprias religiões, nada escutam Dela. Por que nós, católicos, omitimo-nos? Por que não apresentar Maria como nossa mãe de ternura, sempre e a todos? A mãe da cabeça (Jesus) é também a mãe do corpo todo (a Igreja).

B) MÃE, VERDADEIRAMENTE MÃE

1. Quem é mãe?

Mãe é aquela que dá a vida. Maria deu-nos a vida, logo Maria é nossa mãe. Como Maria deu-nos a vida? JESUS É A VIDA, logo Maria deu-nos a vida. POR ISSO MARIA É NOSSA MÃE.

Se, por mãe, entendemos só aquela que nos gerou biologicamente, é claro que temos uma só mãe. Maria é nossa mãe sobrenatural: deu-nos a vida de Graça, vida sobrenatural, vida de Deus. A maternidade biológica passa por várias fases: concepção, gestação, parto, amamentação e muita educação. Maria, mãe sobrenatural, também de modo sobrenatural, passa por várias fases. Maria não é mãe simbólica, parecida com uma mãe; Maria é uma mãe de verdade. Ela não é mãe pela metade: é plenamente mãe. Maria é plenamente e realmente mãe. Por quê? "Carregando Jesus, no seio, Maria carregava também todos aqueles que dele deveriam receber a VIDA." Tornando-se mãe de Jesus, o Redentor, Maria torna-se, também, mãe de todos os redimidos. Por quê?

Porque "A videira e os galhos são um" (Jo 15,1-5);

Porque "Jesus e os cristãos são um" (At 9,1-9);

Porque "A cabeça e os membros dum corpo são um" (1Cor 12,1-24).

Quem é mãe? Eis um exemplo que revela o coração da mãe:

Durante a última Guerra Mundial, dois soldados italianos, servindo na Grécia, passando fome, entraram em um parreiral para chupar uvas. O filho do dono da vinha aproximou-se para impedir o furto. Os dois soldados deram um tiro de pistola no ar apenas para espantar o jovem. Mas o tiro feriu mortalmente o jovem dono da vinha. Os dois soldados foram processados e condenados à morte. Entretanto, na última hora, a mãe do jovem morto escreveu uma carta ao rei italiano Vittório Emanuele II, pedindo a Graça para os dois soldados, com estas palavras: "Majestade, concedei a Graça aos dois jovens. Impeça as lágrimas das duas mães destes soldados, porque aqui já está uma mãe que chora!" O fato, relatado pelos jornais, comoveu o mundo. Os soldados, anistiados, foram na casa daquela mãe e ajoelharam-se diante dela, pedindo perdão. Aquela mãe os fez levantar, abraçou-os e beijou-os. Nossa Senhora faz a mesma coisa conosco, quando nós, com nosso pecado, crucificamos o próprio Filho dela: o Cristo.

2. Fundamentação Bíblica

a) Duas raças: filhos da luz e filhos das trevas

O Gênesis fala da inimizade entre duas raças: são os filhos da mulher e os filhos de Satanás (Gn 3).

Todos os homens devem definir-se: ou com a mulher ou com o pai da mentira. Mas quem é essa mulher e quem são seus filhos? É Maria e os filhos de Maria. Todos são chamados a serem filhos de Maria; contudo o pai da mentira perturba, engana, seduz. Quem não assume Maria como mãe, acaba acolhendo, por pai, o pai da mentira! Ou com Maria, ou contra Maria.

b) "Eles não têm mais vinho" (Jo 2,3)

O texto, por quatro vezes, faz referência à "Mãe de Jesus" para sublinhar sua intervenção: é discreta, mas solícita à resposta misteriosa de Jesus. Maria, como mãe, solicita, não sossega: abre as portas para a "hora de Jesus". A solicitude de Maria é dupla:

Material: "Não têm mais vinho", diz a Jesus. Apresenta a necessidade de não deixar os noivos embaraçados.

Espiritual: "Fazei o que Ele vos disser", diz aos servos. Apresenta a necessidade de sermos disponíveis, obedientes, abertos a qualquer ordem de Jesus.

Eis a dupla ternura materna de Maria: Mãe para solicitar as coisas materiais e mãe para despertar a fé em seu Filho Jesus. Maria é verdadeira mãe dos cristãos: desperta e alimenta a fé nos homens para se tornarem filhos de Deus no momento em que seguem Jesus.

c) "João, eis aí tua mãe"

Nesta cena, João e Maria simbolizam a Igreja: comunidade de fiéis, que nasce do coração aberto de Jesus. A maternidade de Maria não termina com a morte de Jesus no tempo e no espaço, mas se abre ao infinito em todos os tempos. João representa, aqui, todos os discípulos de Cristo aos quais "deu o poder de se tornarem filhos de Deus" (Jo 1,12).

O texto fundamental da maternidade universal de Maria não é só esse; todavia esse completa e confirma os outros: João acolhe Maria em sua casa. Todo cristão acolhe Maria em seu coração.

d) "Maria estava com eles"

Na primeira comunidade de fiéis, Maria estava com eles

(At 1,14). Sua presença é mais silêncio do que palavra. Pedro fala, Maria escuta juntamente com o povo. É mãe, que se torna a primeira discípula da Igreja. Contudo a presença de Maria continua: Pentecostes continua até o fim dos tempos.

"Maria não é mãe por um tempo,
não é mãe pela metade,
não é mãe só para alguns.
É mãe para sempre, para todos e plenamente."

e) Mulher, vencedora do dragão (Ap 12)

Com esse texto, fechamos o círculo iniciado no Gênesis. "ESTA MULHER É A NOVA EVA." O dragão é a antiga serpente. Os filhos da mulher devem guerrear contra o dragão e só podem vencer "os que observam os mandamentos de Deus e são fiéis ao testemunho de Jesus" (Ap 12,17).

C) MATERNIDADE MODELO

A maternidade de Maria é o modelo para todas as maternidades: modelo para as mães biológicas; modelo para as mães espirituais. Todas as mães podem olhar para Maria como exemplo a seguir. Todas as educadoras podem assumi-la como ideal. Do sim da Anunciação até o Calvário, da presença no Cenáculo até a Glória do Apocalipse, Maria é sempre modelo.

1. Maternidade como serviço

A resposta de Maria é clara: "Eis aqui a serva do Senhor". A missão pelo Reino é um serviço. Patriarcas, profetas e grandes mulheres já tinham respondido: "Eis-me aqui". No entanto, em Maria, a resposta é o coroamento de todos. Jesus veio para servir, não para avançar direitos. Há mães que se acham "donas" dos próprios filhos: não é amor, mas possessão dos filhos. E toda a possessão tira a liberdade. Maria é modelo de toda mãe que deve deixar espaço ao filho, que cresce. "Por que nos fizestes isso?" Disse Maria a Jesus após três dias de angústia. E o menino, de 12 anos, responde: "Mãe, não sabíeis que devo ocupar-me das coisas de meu Pai?" Não foi tudo claro para Maria, mas ela soube guardar e segurar todos os acontecimentos como em um cofre... Um dia tudo será claro.

2. Maternidade é Canal para o Pai

Toda a maternidade de Maria tem uma só meta: a Vontade do Pai. Alguém, ouvindo tanta sabedoria sair da boca de Jesus, não pôde segurar um elogio: "Feliz a mãe dum tal filho, o peito que o amamentou". Foi um endeusar a mãe biológica de Jesus. Por isso Jesus corrige: "Feliz minha mãe, que fez a Vontade do Pai". Nas Bodas de Caná, Maria nos convida a uma total abertura aos apelos, desejos e às ordens de Jesus: "Fazei tudo o que Ele disser". Desejos ou ordens que sejam, a Palavra de Jesus é a Vontade do Pai. Maria é a mãe que encaminha os filhos ao Pai.

3. Maternidade que emana júbilo

Maria mãe, irradia um júbilo contagiante;

Elisabete acolhe Maria, invadida por uma inefável alegria, e o mesmo João Batista, ainda no seio materno, participa com uma dança prematura;

Os pastores, após terem encontrado "Maria, José e o recém-nascido", cheios de uma grande alegria, voltaram e glorificavam a Deus;

Os reis magos, "vendo a estrela", alegraram-se e viram o Menino com Maria, sua mãe. E abriram seus cofres;

Em Caná, certamente o vinho novo é apenas um símbolo do júbilo novo pelo Reino que já acontece;

Na Igreja nascente, a presença de Maria, como mãe, deixava todos alegres como "crianças desmamadas no colo de sua mãe" (Sl 131).

4. Amor materno, amor eterno? Pode uma mãe abandonar um filho?

A mãe cuida de todos os filhos; mas, em especial, dos mais frágeis e feridos.

Assim respondeu uma mãe, entrevistada sobre eventuais preferências: "Sim, eu sempre prefiro um especial. Tenho cinco filhos, como os dedos da mão. Quando um é ferido, cuido mais dele. Assim, o filho preferido, peixinho é o ferido, o frágil, o mais desprotegido". O Amor de Deus foi comparado ao amor paterno e materno, mas sempre vai além, muito além, infinitamente além! O amor de Maria, nossa mãe, é reflexo do Amor de Deus. Se houve mães que abandonaram os filhos, sempre existiram razões imprevistas.

Misteriosas atitudes que não podemos julgar!

Relato, aqui, duas experiências:

Fui incumbido de agendar um encontro de uma mãe com a filha, abandonada quando recém-nascida. Na casa Paroquial, chegou a filha adolescente, que desabafou a mágoa e a revolta contra a mãe. Logo depois, chegou a mãe. O encontro iniciou com a oração da "Ave-Maria" e, em seguida, incentivei-as e convidei ambas a se abraçarem. A Filha, inicialmente, rejeitava a mãe; todavia, logo o choro, quase histérico, e as palavras maternas derrubaram toda a resistência. “Minha filha, eu nunca a abandonei”, implorava a mãe. “Quando meus pais souberam da minha gravidez, para evitar comentários dos vizinhos, pressionaram-me a sair de casa. Os nove meses passei em um triste calvário, hóspede de uma tia. Nunca pensei abandoná-la. Aliás, recém-nascida, confiei você à mesma tia para cuidar melhor de você. Tive de afastar-me. Mas sempre a procurei e a acompanhava de longe, sem ser vista, quando saía para a escola, a Igreja. Vi você crescer cada dia mais. Tínhamos concordado com sua mãe adotiva de revelar o segredo só a seus quinze anos. Isso foi uma tortura interminável para mim. Vivia aguardando esse dia.” Aos abraços, cada vez mais apertados e calorosos, uniam-se rios de lágrimas. Eu concluí: “Mãe e filha, vocês têm uma mãe em comum. Vamos agradecer a ela, Nossa Senhora, por esta plena comunhão”.

Tive outra experiência no centro de Curitiba. Um adolescente tinha sido preso pelos policiais e podia ouvir as palavras agressivas deles: “Tu mentes ao dizer que tua mãe te expulsou de casa. Mentira!” Aproximei-me, identifiquei-me e pedi: “Deixem comigo. Eu vou acompanhá-lo em casa”. Convidei o jovem a entrar em meu velho jeep. Foi uma das experiências pastorais mais dramáticas. Passado um interminável labirinto na favela, chegamos a um barraco. O jovem pediu: “Me abra a porta, mãe, sou eu com o Pe. João!” Ouvi, por duas vezes, uma voz cavernosa de mulher: “Você sabe que aqui não há lugar!” Eu mesmo bati à porta até se abrir. No barraco de poucos metros quadrados, cabiam apenas uma cama e uma mesa. Lá estava um casal. Triste constatação. Para o amante, havia lugar; para o filho, não! Nunca encontrara, em minha vida, quadro tão deprimente. Sim, uma mãe, como diz Isaías, pode até abandonar um filho... O casal, completamente alcoolizado, justificou-se. Eu improvisei a bênção do barraco e uma oração. Acolhi o adolescente em minha casa por alguns dias até encontrar uma solução. Entretanto as palavras da mãe ainda ressoam a meu ouvido, inesquecíveis, "você sabe que aqui não há lugar", como aconteceu em Belém: "Para eles não havia lugar na hospedaria" (Lc 2,7). Isaías, profeta cantor do amor de Deus, compara o amor humano e o divino: "Ainda que uma mãe abandone o filho, Eu nunca te abandonarei" (Is 49,15).

7

MARIA NA HORA DE JESUS: DA CRUZ À LUZ

A) SOMENTE A CRUZ NOS DESENTOCA

1. No princípio era a preguiça...

O cérebro é o órgão mais nobre e mais preguiçoso. O coração, no tórax, é bem protegido. O cérebro, no crânio, é ainda mais intocável. Mas o coração não para de bater. O cérebro, se não for chicoteado, dorme. O mais famoso professor de fisiologia de Turim tem alertado da necessidade de chicotear o órgão mais preguiçoso e mais entocado: o cérebro, comandante de todo um exército de subalternos, transmite uma devastadora preguiça. Quem pode desentocar essa nossa inquilina congênita, que provoca doenças físicas e, sobretudo, espirituais?

Revelamos aqui os quatro verbos que encontraremos no capítulo da "Hora de Jesus" e que podemos conjugar no mistério mariano. Somente a cruz nos desentoca e nos provoca; evoca-nos e nos convoca. Nós estamos em um ninho confortável e quentinho, saboreando um agradável torpor. Desde o seio materno, somos preguiçosos. As contrações e as dores do parto nos pressionaram a sair do ninho e entrar na segunda casa, mais ampla e desafiadora. Sair de si é sempre o risco... E o preguiçoso o evita! No princípio, era o Verbo, diz João, e mil filósofos apontam em outras direções: no princípio, era a Verdade, a Caridade, a Beleza.

Bem, podemos afirmar: no princípio era a preguiça! E a cruz desentocou a preguiça.

2. O livro sempre aberto

Quando não queremos nos dobrar, Deus nos dobra. Como? Paulo responde: "É a sabedoria da cruz" (1Cor 1 e 2). A cruz é luz, força, referencial. Moisés, sobre uma haste, tinha colocado uma serpente. Quem contemplasse a haste seria poupado do veneno das cobras do deserto. E Jesus explica: "Quando serei levantado, atrairei todos a mim". A nova haste é a CRUZ. E São Francisco exorta: "Leia o livro que nunca se fecha e só tem uma página: a CRUZ de Cristo".

A vida dos santos é uma sinfonia de vozes convergentes à sabedoria da cruz.

3. Mestre: nosso único modelo

Jesus, por três anos, pregou, fez prodígios e milagres, serviu a todos, em especial aos últimos. O resultado foi inesperado. Como derrubar aquela muralha de oposição e rejeição? Jesus escolheu a última terapia: desestruturar os apóstolos e o povo. Não fugiu mais, deixou-se prender, torturar e crucificar. Tudo assumiu com amor e no silêncio. Os Evangelistas repetem: "E Jesus ficava em silêncio". A palavra já era inútil. A um Pilatos hesitante, ainda deu resposta; no entanto, a Herodes, não abriu a boca. Jesus ainda não tinha ressuscitado, mas já provocara a conversão de um pagão. O centurião, tendo ouvido: "Pai, perdoa a eles, porque não sabem o que fazem", ficou transtornado e desestruturado. Tinha visto milhares de crucificados; contudo, nunca tinha ouvido uma oração de perdão pelos algozes! Levantou o braço e gritou: "Este não é homem! Este é verdadeiramente o Filho de Deus!"

Os discípulos de Emaús, desestruturados pela CRUZ, logo se reestruturaram a partir da "interpretação da mesma CRUZ. Sim, a CRUZ tem duas leituras opostas e provoca atitudes contrárias: ou cria revoltados ou faz aflorar santos. Não há meias medidas: ou ... ou ... A CRUZ desentoca mesmo.

B) A HORA DE JESUS – A HORA DA CRUZ

1. Hora: o momento crucial

a) Crucial... Cruz

Em nossa vida há momentos mais intensos e outros menos importantes. Parece que a vida se concentra com mais intensidade em alguns momentos. Todos lembramos esses momentos carregados de emoção, tensão, espera. Há momentos cruciais: momentos de CRUZ. Mas... o que é CRUZ? O encontro entre duas vontades: a minha vontade e a Vontade de Deus. Quantas vezes sentimos que precisamos abraçar a Vontade de Deus, mas a carne é fraca, quer recuar!

b) Recuar ou enfrentar?

JESUS sentia a tentação de recuar. "Pai... se for possível, afasta de mim este cálice" (Lc 22,42). Mas logo continua orando ao Pai: "Seja feita tua Vontade..." Recuar seria covardia: precisa enfrentar! Enfrentar nosso egoísmo, nossas infidelidades, nosso comodismo... para sair como Abraão:

"Sai de Tua Terra"; enfrentar os desafios a nosso redor:

– As estruturas perversas da sociedade;
– A opressão de tantos irmãos;
– Nossa resposta cristã;
– Os deuses de nossa sociedade:
– Prazer pelo fazer;
– Ter para dominar;
– Aparecer para ser o centro do Universo ...

2. Hora... é conversão!

É naquela hora de tensão que deve haver uma mudança, uma conversão. Deus permite a treva para ser LUZ. A hora é o momento-chave em que meus olhos se abrem à Luz e meu coração sente uma nova Força-Esperança.

Todos conhecem Teresa de Calcutá, mas poucos sabem como e quando surgiu sua vocação pelos pobres. Irmã Teresa de Calcutá era freira há vinte anos na Índia: professora em um renomado colégio para ricos. Um dia, tomando o trem dos pobres, viu a miséria dos mais miseráveis da Índia. Tocada pelo Espírito Santo, sentiu que devia deixar a vida cômoda do colégio para unir-se e doar-se aos pobres. Foi a "HORA" de Teresa de Calcutá. Mil dificuldades, humilhações, zombarias não frearam a vocação de Teresa. E, hoje, a "HORA" de Teresa continua... Ouça, com Jesus, o Pai: "Tu és meu Filho, eu hoje te gerei". Responda ao Pai com Jesus: "Pai, eis-me aqui para fazer Vossa Vontade".

3. A Hora de Jesus

a) JESUS sempre falava de "Sua Hora"

"Ainda não chegou minha hora" (Jo 2,4). Foi essa a resposta que deu a Maria. O Evangelho de São João relata outras alusões a sua hora (Jo 7,30; 8,20; 12,23-27; 13,1; 17,1). "Chegou a hora: o Filho do Homem vai ser entregue" (Mc 14,4). E Jesus levantou-se para enfrentar a hora.

b) Quando aconteceu a Hora de JESUS?

Todos os momentos da vida de JESUS são cruciais; mas, sem dúvida, o momento do Calvário foi o CRUCIAL: o momento da CRUZ. No Calvário, Jesus entregou o Espírito. Os Evangelistas preferem afirmar que Jesus se doou totalmente... em vez de falar da morte. É uma Morte – Ressurreição: uma hora só: "Se o grão de trigo, caindo na terra, não morrer, fica só. Mas, se morrer, produzirá muitos frutos" (Jo 12,24). Este é o Mistério da natureza:

"Morre a semente para multiplicar-se";

Eis o Mistério de nossa Fé: "Jesus morre para ressuscitar".

Toda a Paixão de Jesus é a grande Hora. Do suor de sangue até o Calvário, foi uma agonia terrível. Jesus viveu sua Hora na total união com o Pai. Sobretudo nos últimos momentos, repetia as invocações:

"Pai... por que me abandonastes?" (Mt 27,46);

"Pai, perdoa-lhes... porque não sabem o que fazem" (Lc 23,34);

"Pai, entrego-te meu Espírito" (Lc 23,46).

c) A Liturgia da Semana Santa

A liturgia celebra a Hora de Jesus em três momentos:

Jesus ajoelhado como escravo;

Jesus lava os pés dos Apóstolos e, em seguida, vai ao Getsêmani, onde Jesus sua sangue;

JESUS dependurado como um malfeitor;

Jesus, exaltado como o Senhor. – Noite da Ressurreição.

4. Nossa hora na hora de Jesus

a) A Cruz como um mistério

Nossa mente, tão pequena, não consegue desvendar o mistério da CRUZ... Por que o sofrimento? O fracasso? A agonia? O sofrimento só pode gerar revolta... quando não se enxerga o porquê. A CRUZ, sem JESUS, é treva. A Oração "Salve-Rainha" apresenta este mundo como um vale de lágrimas. Não é exagero? Sem dúvida, todos temos alguma CRUZ para carregar e nem sempre soltamos as lágrimas; por isso a dor é maior!

Nossa CRUZ só é suportável na CRUZ de JESUS.

Nossa HORA só pode ser vivida na HORA de JESUS.

A CRUZ, sem JESUS, cria revoltados; a CRUZ, com JESUS, cria santos.

b) A cruz como decisão

Decisão é uma dupla ruptura, dupla cisão ou corte. A verdadeira CRUZ é divisão que há dentro de nós, que São Paulo bem sintetizou: "Faço o mal que não quero e não faço o bem que quero" (Rm 7,20). Pela Graça, Luz e Força de DEUS, conseguiremos tomar a decisão: cortar o homem velho do pecado e viver na Nova Vida. É a hora de descer do muro da indecisão. "Ou comigo ou contra mim", disse Jesus na linguagem mais incisiva: o Cristão toma sua decisão e entrega sua vida a Jesus.

c) A cruz como participação à Hora de Jesus

São Paulo nos deixou um testemunho explícito: nossa CRUZ, vivida na CRUZ de CRISTO, é a participação redentora para toda a humanidade. Pequena gota d'água, mas é participação necessária. "Agora, eu me rejubilo em meus sofrimentos por vós e completo, em minha carne, o que falta à Paixão de CRISTO, por seu corpo, que é a Igreja" (Cl 1,24).

– JESUS sempre falava de "Sua Hora".

– "Ainda não chegou minha hora" (Jo 2,4), foi esta a resposta que deu a Maria.

– O Evangelho de São João relata outras alusões a sua hora (Jo 7,30; 8,20; 12,23-27; 13,1; 17,1).

– "Chegou a HORA: O Filho do Homem vai ser entregue" (Mc 14,4). E Jesus levantou-se para enfrentar a hora.

– Quando aconteceu a Hora de JESUS?

Todos os momentos da vida de JESUS são cruciais, sem dúvida o momento do Calvário foi o CRUCIAL: o momento da CRUZ. No Calvário Jesus entregou o Espírito. Os Evangelistas preferem afirmar que JESUS se doou totalmente, em vez de falar da morte.

– É uma Morte-Ressurreição: uma só hora. "Se o grão de trigo caindo na terra, não morrer, fica só. Mas se morrer produzirá muitos frutos" (Jo 12,24). Este é o Mistério da natureza: "A semente morre para multiplicar-se". Eis o Mistério de nossa fé "Jesus morre para ressuscitar".

– Toda a paixão de Jesus é a grande hora: não apenas de 24 horas. Do suor de sangue até o Calvário foi uma agonia terrível.

– JESUS viveu sua Hora na total união com o PAI. Sobretudo nos últimos momentos repetia as invocações: "Pai perdoa-lhes... porque não sabem o que fazem". (Lc 23,34) Pai... por que me abandonastes? (Mt 27,46) Pai entrego-te meu Espírito" (Lc 23,46).

C) MARIA, MULHER NA HORA DA NOVA ALIANÇA

Maria bem pode ser chamada "a mulher da Nova Aliança". Por quê? Por ser a mãe de Jesus Cristo. Quem realiza a Nova e Eterna Aliança é uma pessoa só: Jesus Cristo, por ser Verdadeiro Homem e Verdadeiro Deus. Maria é verdadeira mãe do único e Eterno Mediador. Dando seu sim, Maria entra na história da salvação como presença constante. Prefigurada em Sara, Rute, Raquel, Judite, Ester, Maria é a mulher corajosa. Seu SIM é um sim de fidelidade a todos os apelos de Deus:

SIM na Anunciação;
SIM na longa viagem à prima Isabel (vulgata, Elisabeth);
SIM à pobreza de Belém;
SIM ao exílio no Egito;
SIM ao escondimento em Nazaré;
SIM ao desapego ao filho Jesus, chamado à missão;
SIM à paixão e morte do filho;
SIM à nova família no dia de Pentecostes;
SIM, sempre SIM.

Como Maria, todo cristão entra na Aliança. Todo cristão, justificado no Filho e santificado no Espírito Santo, entra na Aliança com Maria e, como Maria, deve dizer "sim", pois Aliança é entrega na fé. Os pensamentos de Deus não são nossos pensamentos. Quando "pedimos conta" a Deus de seus planos, e o julgamos e duvidamos de seu amor e até o condenamos (Deus não podia permitir isto ou aquilo), então não temos mais fé. Queremos um Deus para nossos projetos, em vez de assumirmos os projetos de Deus!

Aliança é fé "sem hesitar". Só há fé quando não há hesitação. Pedro afunda nas águas porque hesita. Maria é bem-aventurada, não porque amamentou Jesus, mas porque assumiu a Vontade do Pai, praticando sua Palavra (Lc 11,27-28). Na aliança, a mulher é a protagonista. Maria é protótipo da Aliança. O homem sozinho não vivia feliz! E Deus lhe fez uma auxiliar, "ossos de seus ossos". Mulher e homem à imagem de Deus. Ambos perderam a imagem e ambos, em uma nova aliança, serão redimidos. E o Verbo de Deus encarnou-se em uma mulher. E, assim, a mulher torna-se protagonista. Para ter um corpo, Deus dispensou o homem e não a mulher. Por quê? Por sua autossuficiência, o varão tem tendência a pensar, planejar e agir sem a mulher. Deus proclama a dignidade insubstituível da mulher.

Quando a mulher não está presente, o homem racionaliza, conceitua novas técnicas, e tudo fica prejudicado. A presença da mulher deve ser ternura, coração, vida. Como Maria, todo cristão, varão ou mulher, deve entrar na aliança com fé e sem hesitar.

D) HORA: O CUME DA ALIANÇA NA HORA DE JESUS E DE MARIA

1. É impressionante o quanto Jesus insiste sobre a "hora":

Ainda não chegou...

Já se aproxima...

Esta é a hora...

Afasta este cálice. Hora de angústia...

Em Caná, Maria parece adiantar a hora de Jesus. Mas, afinal, o que é a "hora"?

2. Hora é o nascimento da nova humanidade

Hora é entrega do Filho:

O Pai entrega o Filho à humanidade;

O Filho se entrega ao Pai por nós;

O Espírito Consolador, como fogo de amor, faz da humanidade a família de Deus.

3. Hora é o fim da angústia

A descendência da mulher esmaga definitivamente a cabeça da descendência do maligno (Gn 3,15). Hora é luta, mas também é vitória. É dor, mas também é júbilo. É morte e ressurreição. A hora de Jesus é também a hora de Maria:

da Encarnação às Bodas de Caná;

do Calvário a Pentecostes, até o fim dos tempos.

4. Na hora, "Atrairei todos a mim"

Na hora de Jesus, em que todos, dispersando-se, deixaram-o só (Jo 16,32), Judas o traiu e Pedro o renegou. O Bom Pastor deu sua vida por suas ovelhas (Jo 10,11). Nesta hora em que sente a maior angústia e grita: "Meu Deus, por que me abandonastes?", Jesus atrai todos a si (Jo 12,32). Do alto da árvore da CRUZ, atrai a todos, e Maria lá está ao pé da CRUZ para acolher todos em seus braços maternais. Maria é a mãe de todos os povos (Sl 87). É a hora da adoração. É adorar em Espírito e Verdade (Jo 4,21-23). Não mais no Monte Gerizim ou no Templo de Jerusalém "feito pela mão de homem" e revestido de mármore; mas tecido no seio e revestido da carne de Maria. A mulher é carne do "novo Adão". A esposa virgem, a cidade amada, onde congregam os resgatados e todas as nações, dá à luz um povo em um só dia (Is 54,1). Maria é essa mulher da hora de Jesus. Quem atrai? É Jesus que atrai. É Jesus no momento da doação total. Antes, não atraiu tanto, embora as multidões o procurassem para obter curas ou comida. Agora, chegou a hora: todos podem ser atraídos, e Maria está lá, aos pés da CRUZ, para acolher.

5. Não há maior amor do que dar a vida

Uma criativa parábola, do terceiro milênio, pode revelar o apelo do Mestre: "Não há maior amor do que dar a vida". Na literatura atual, não encontrei nada melhor:

A humanidade, dizimada por um vírus mortífero, tinha necessidade de uma transfusão de sangue raríssimo. Depois de milhares de pesquisas, foi encontrado um único menino, portador do sangue redentor. Na sala de espera, antes da transfusão, o médico convidou o menino a dar um abraço aos pais que, perplexos, perguntaram: "Doutor: quanto sangue será tirado?" O médico respondeu: "Talvez não fui claro. Temos necessidade de todo o sangue de vosso filho". Os pais, desesperados, insistiram: "Todo? Nós vamos perder nosso único filho?" Com voz convincente, o médico concluiu: "Mas seu filho salva toda a humanidade..." Eis o profundo mistério cristão revelado nesta parábola atualíssima. O Pai nos deu seu único Filho, Jesus, que derramou todo o seu sangue para nos redimir.

Meditemos o hino de Santo Tomás. O preço da humanidade é o Sangue Redentor, recebido de Maria, que nos deu o Salvador.

E) A ESPADA DE MARIA: FERE E ABRE

O velho Simeão tinha profetizado: "A ti, uma espada transpassará a alma". Maria guardou a profecia sem entender. Lá no Calvário, entendeu. Mas quantas espadas? Sete espadas? Os Servos de Maria, especialistas em Mariologia, sintetizam o mistério da dor em Maria – Nossa Senhora das Dores – em 7 momentos ou 7 espadas:

1. Nascimento na pobreza: não havia lugar (Lc 2,6-7);
2. Apresentação ao Templo: profecia de Simeão (Lc 2,33-35);
3. Perseguição de Herodes: fuga no Egito (Mt 2,13-14);
4. Rejeição de Jesus por parte dos Nazarenos (Lc 4,28-29);
5. Prisão de Jesus e fuga dos discípulos (Mt 26,49-56);
6. Crucificação – morte, junto da CRUZ (Jo 19,25-27);
7. Perseguição e sofrimento da Igreja primitiva (At 12,1-5).

O SIM de Maria, dado na Anunciação, continua até o fim. É um só SIM. Maria concebe, em seu seio, o Cristo; e, depois, também concebe os cristãos e a Igreja: antes a cabeça, depois o corpo místico. Maria participa em tudo. O mistério da espada acontece com cada cristão. Não há Igreja sem cruz. Dores de parto devem acontecer para que haja vida. Cristãos não transpassados pela espada serão sempre superficiais. Pelo sofrimento, participamos do sacrifício redentor de Cristo. Como São Paulo, todo cristão deve orar: "Senhor, quero participar de tua CRUZ e completar, em minha carne, o que falta a tua Paixão. Tudo isso, ofereço por teu corpo, a Igreja" (Cl 1,24). A espada tem dupla finalidade: não apenas fere como instrumento de dor, mas também abre um novo horizonte, uma nova consciência, comunhão e participação. No entanto a cruz não é apenas instrumento de dor: torna-se um trono de glória, não apenas suplício maldito; torna-se árvore da vida.

Agora, toda a CRUZ é iluminada, pois seu fruto, o Cristo, é a luz do mundo. A lança do centurião abre o coração de Jesus e sai "sangue e água". Do coração de Jesus saiu a Igreja, duplamente simbolizada no sangue (vida) e água (fecundidade). É na "última hora" que acontecem os maiores sinais da Ternura de Deus. Os mais afastados filhos pródigos entram no Reino: é o ladrão que rouba o céu na "última hora"; é o centurião, o último pagão que reconhece o filho de DEUS na "última hora".

E Maria lá estava "em pé", firme! Ela é chamada corredentora. Maria não acrescenta nada à redenção de Jesus: é a primeira beneficiada. Só Jesus nos resgata e nos reconcilia; todavia Maria está unida ao Filho de uma forma toda especial. Ela é Corredentora.

F) O ESCÂNDALO DA CRUZ

1. O que significa a Morte de Jesus?

Paulo que apresenta a cruz como escândalo: "Nós anunciamos Cristo crucificado, escândalo para os Judeus, loucura para os gentios" (1Cor 1,23). Por que escândalo? A morte de Jesus, na cruz, revela o amor do Pai, que entregou seu próprio Filho (Jo 3,16). O escândalo está na medida desmedida como o Pai nos ama. Como nos amou? Não poupando o próprio Filho para poupar a cada um de nós. A redor de Jesus foi se formando um paredão de hostilidade. Todos imaginavam um Jesus libertador político, novo rei deste mundo; um poderoso vencedor pela violência e, gradualmente, Jesus se revela um não violento, convidando ao perdão; denuncia a perversidade da sociedade injusta, do poder político opressor, a ganância do poder econômico. No entanto não assume como líder político.

Toda a sua vida revela o Amor de Deus e o Amor aos últimos. A cruz, separada da vida de Jesus, leva à mística do sofrimento e não à mística do seguimento de Jesus. A cruz ou o sofrimento, assumido por amor, torna-se luz se seguimos os passos de Jesus.

2. Revelação da Divina Ternura

A morte de Jesus só se explica à luz de toda a sua vida: uma doação radical ao Pai e aos irmãos. A morte na cruz é a conclusão, auge de toda a sua dedicação. Amou até o fim. Jesus, na cruz, revela um "Deus pático", sensível e solidário com cada ser humano, não um deus apático. Expressando seu Amor na história de dor e miséria da humanidade, também é atingido pela dor e pela miséria. Quem ama, tem compaixão, dá apoio sólido, assume sobre si as dores do próximo. Jesus veio para revelar o amor do Pai, mas toda a sua vida não convenceu... Diante da hostilidade, Jesus podia fugir; em vez, assumiu. Foi até o fim: obediente até a morte. E, na morte, revelou o Amor Supremo. Tudo assumiu por amor. Portanto não é a cruz ou a dor que salva, mas é o amor com o qual Jesus assumiu a cruz. O Pai enviou seu Filho não para morrer na cruz! Mas, sim, para anunciar e revelar seu Amor. Pela hostilidade, foi rejeitado. Jesus assumiu, por amor, essa hostilidade, tornando-a resgate para a salvação dos mesmos inimigos. É a revelação da Divina Ternura!

3. A Redenção: resgate pelo sangue

O resgate era o preço para libertar um preso. Jesus se deu como nosso resgate (1Tm 2,6). Não se trata de um preço de comércio, mas de uma doação heroica da própria vida. Na história da Igreja, mil santos seguiram os passos de Jesus.

Quantos se vendiam, tornando-se escravos, para tomar o lugar dos escravos!

São Vicente chegou a ceder sua batina a um preso para que saísse da cadeia disfarçado, e ele lá ficou com as mesmas roupas do preso. O jeito heroico, logo descoberto, revela, ao extremo, o "dar a vida pelo amigo".

A confissão de um preso foi significativa: "Meu sofrimento não é a prisão, mas o abandono dos parentes e amigos, que parece o abandono de Deus". Jesus "entregou-se por mim" (Gl 2,20). Toda a vida de Jesus foi resgate. Sua abertura ao Pai e aos irmãos foi radical superação do pecado e suas consequências. Mas, sobretudo, a morte na cruz foi o resgate supremo.

4. Arma que desarma: sigamos suas pegadas

São Pedro nos convida a seguir Jesus: "Cristo sofreu por vós, deixando-vos um exemplo a fim de que sigais seus passos" (1Pd 2,21). Eis o itinerário de todo cristão: seguir as pegadas do Mestre até o Calvário. Essa é a arma que desarma. Em caso extremo, o martírio, assumido por amor a nossos inimigos, torna-se o maior antitóxico para transformá-los: é a arma que os desarma. É a total desestruturação do inimigo, única terapia para reestruturá-lo. Sigamos as pegadas de Jesus!

5. Afinal, quem crucifica o Cristo?

Os Fariseus? Os Romanos? Como o Pai entregou seu Filho? O Pai não quis a morte do Filho; todavia, servindo-se da hostilidade e do mal cometido pelos homens, salvou os próprios homens. Os Fariseus e os Romanos crucificaram o Cristo, porque Ele não fugiu... Ele assumiu por amor. Sim, Ele entregou-se porque quis!

Enfim, quem crucifica o Cristo sou eu pecador. É o pecado que crucifica o Cristo, e é Seu Amor que nos liberta. Sepultados com Ele no pecado, por Ele ressuscitamos à Vida Nova.

8

MARIA, MÃE E MODELO DA IGREJA

Nosso Deus é comunhão de três pessoas. A Igreja nasce no dia de Pentecostes como povo unido com Maria: pessoas ao lado de pessoas, em sínodo, caminhando juntas, rumo ao Paraíso.

Um ambíguo intimismo exortava: "Salva tua alma!" Hoje, preferimos o plural: "Juntos, caminhemos, construindo um mundo novo, para chegar a uma nova terra e um novo céu", aguardando a vinda do Senhor e a ressurreição da carne. A hora da Igreja acontece agora e aqui, toda hora. A Igreja deve estar aberta a todos os povos e a todas as culturas, enriquecendo-se sempre mais. Em todo povo, há sementes que precisam brotar. Os missionários cristãos devem se inculturar e apresentar a Boa-Nova, valorizando as sementes que já existem. Em alguns períodos da história, a Igreja fora apresentada como: "sociedade perfeita e santa". Hoje, preferimos vê-la "santa e pecadora" sempre em construção, até o fim do mundo.

A) IGREJA SEMPRE INACABADA?

Estamos no ano 100 d.C.

João tinha recém-chegado ao céu... Os onze Apóstolos, em uma animada conversa com o Mestre, lembravam o tempo da vida pública. João observou: "Acabo de chegar da terra e vi que em todas as comunidades há Igrejas dedicadas ao Pai, a nosso Mestre Jesus; nenhuma dedicada ao Espírito Santo". Jesus olhou para Pedro: "Que tal você, arquiteto?" Pedro gostou da proposta e pediu dez anos para levantar o templo ao Espírito Santo. As obras iniciaram na cidade eterna... A década passou rápida, mas o templo estava apenas coberto. Pedro pediu a Jesus: "Deixa acabar. Vou caprichar!" "Não", atalhou o Mestre, "outros acabarão". Muitos papas, com arquitetos e artistas, trabalharam por séculos para o templo dedicado ao Consolador, mas sempre ficando inacabado. João Paulo II pediu um pontificado mais longo para acelerar os acabamentos, mas o Mestre sentenciou: "Cada geração faça o melhor que puder; contudo, o acabamento final, será só no fim do mundo. Esse templo é o sinal de todo cristão, sempre inacabado, sempre em obras, sempre caminhando em um leque ao infinito". O templo do Espírito Santo sou eu, é você! A santidade é um leque aberto ao infinito. Não pode estacionar, precisa caminhar! Não pode acomodar-se, precisa lutar! Ser cristão não é uma poltrona para sentar; é uma estrada estreita a percorrer.

No íntimo de cada cristão, o Espírito Santo atua inspirando, animando, fortalecendo, empurrando, purificando, iluminando... O Apocalipse apresenta a luta entre o dragão e a Mulher. Mas, agora, a luta é contra os descendentes da mulher (Ap 12,17).

B) A HORA DE MARIA É A HORA DA IGREJA

Em vinte séculos de cristianismo, a presença de Maria foi marcante. Nos primeiros séculos, não houve culto a Maria, pois o perigo de criar uma "deusa" era real em um ambiente pagão tão propenso às mistificações. O culto mariano só começa no século III. Os cristãos não ignoravam o papel de Maria. Os mesmos evangelhos revelam aposição eminente da Mãe de Jesus. Gradualmente e com frequência, os cristãos começavam a comemorar as festas marianas. Mas o que nos deixa impressionados são as aparições de Maria, sobretudo nestes dois últimos séculos, com fenômenos de conversões em massas inéditos e imprevisíveis.

Quando os teólogos raciocinam e discutem, tão pobres de fé, parece que Maria dá sinais mais fortes de sua presença. Trinta anos atrás, era imprevista a explosão da devoção mariana atual. Em nome de um falso ecumenismo, os católicos, para não ferirem os protestantes, omitiram-se, por medo de falar de Maria, como se houvesse oposição entre Bíblia e Maria.

Hoje, lembro como algo esquisito, até cômico, nossas propostas pastorais dos anos 1968-1972. Era a luta iconoclasta. Uma proposta que deveria revolucionar a pastoral: substituir a capelinha de Nossa Senhora pela Bíblia. Dizíamos: "Uma imagem de Maria ridiculariza nossa religião. Uma Bíblia, peregrinando de casa em casa, será a grande evangelizadora".

Cursos bíblicos devem abrir o cofre precioso da Palavra de Deus, mas nada como uma imagem ou uma estátua de Nossa Senhora para tocar o coração. A Bíblia é Palavra inspirada por Deus; todavia a devoção popular precisa de meios afetivos, como objetos visíveis que levam ao invisível.

Após as enérgicas intervenções dos Papas, a devoção mariana voltou a seu lugar. Maria é a evangelizadora! Os santuários marianos são centros de espiritualidade. Relatando as aparições destes últimos dois séculos, descobrimos as indicações da Mãe: oração, penitência e solidariedade. Volta o tripé de Jesus: oração, jejum e esmola (Mt 5,1-16). A justiça social não é menos enfatizada do que a oração e a penitência. Em Guadalupe, no conflito entre colonizadores e índios, Nossa Senhora intervém para formar um só povo, sem opressores nem oprimidos. Em Banneux (Bélgica), Maria se apresenta como a virgem defensora dos pobres, confirmando os apelos das Encíclicas Sociais. Aparecendo chorando em La Salette e em Siracusa, não pede apenas nossa oração, mas gestos solidários. O auge da revolução russa, em outubro de 1917, ainda não tinha chegado, mas a Mãe já previne do ateísmo comunista que, após renegado a Deus, criou a sociedade mais injusta, a menos solidária: sociedade "comunista" sem comunhão, uma contradição paradoxal:

Os reformadores (1517), em nome do Evangelho, detonam a Igreja como instituição Divina;

Os revolucionários franceses (1781) detonam o cristianismo, negando a Divindade de Jesus Cristo, admitindo ainda a existência de Deus;

O marxismo ateu (1848) detona a existência de Deus. O resultado é o mais devastador: negando a Deus, detona sua criatura especial, o homem, reduzido a "estômago a encher".

Chegamos ao último degrau: a negação do homem.

C) APARIÇÕES

1. Medalha Milagrosa

Paris, 1830: A Virgem Maria apareceu a Catarina Labouré, noviça vicentina. Das mãos abertas de Maria, saíam raios; a seus pés, o globo terrestre; a redor dela, a jaculatória: "Ó Maria, concebida sem pecado original, rogai por nós que recorremos a vós". Maria pediu que fossem cunhadas medalhas conforme aquela aparição e fossem divulgadas. Logo, foi chamada Medalha Milagrosa. Era o dia 27 de novembro de 1830. Vinte e quatro anos depois, o papa Pio IX proclamava o dogma da Imaculada Conceição.

2. La Salette

No dia 19 de setembro de 1846, uma senhora apareceu a duas crianças: Máximo e Melania nos Alpes franceses. Maria apareceu sentada e chorando pela ingratidão dos homens. Era um enérgico convite à conversão, necessidade da oração diária, da Missa dominical, da penitência quaresmal, da celebração do domingo como dia de descanso e oração.

Hoje, a mensagem de La Salette é atualíssima. A linguagem das lágrimas deveria sacudir os filhos ingratos. A mãe pede algo aos filhos, depois grita e, enfim, chora; o choro é a última arma para desarmar os filhos.

3. Lourdes

No dia 11 de fevereiro de 1858, Maria apareceu a Bernadette Soubirous, em Lourdes. Em um total de 18 aparições, a Virgem pede "orações e penitências" para a conversão. Impressionante a promessa feita por Nossa Senhora: "Não te prometo fazer-te feliz neste mundo, mas no outro". Decisiva a mensagem penitencial: “Penitência, penitência, penitência! Ora a Deus pelos pecadores. Vai beijar a terra para a conversão dos pecadores”. Sinal dos prodígios futuros foi a descoberta de uma fonte de água no fundo da gruta das aparições. Bernadette pede o nome à Senhora. Até tinha levado papel e caneta para que escrevesse seu nome. A Virgem sorriu e se apresentou: “Eu sou a Imaculada Conceição”.

4. Fátima

Foi no decorrer da 1ª Guerra Mundial, de maio a outubro de 1917, que aconteceram as aparições de Fátima. Três foram os videntes: Francisco, Jacinta e Lúcia. Esta última faleceu quase com cem anos, como irmã Carmelita. A mensagem é semelhante à de Lourdes. “Vim exortar os fiéis a que mudem de vida, que não ofendam a Deus e que recitem o Santo Rosário. Desejo, neste lugar, uma capela em minha honra. Se os homens se corrigirem, a guerra cedo terminará.” E Maria volta a pedir oração e penitência pela conversão dos pecadores.

Os famosos segredos de Fátima foram demais explorados pela imprensa sensacionalista. Só há um segredo: quem ora, salva-se; quem não ora, condena-se!

5. Siracusa

Em Siracusa, Itália, de 29 de agosto a 1° de setembro de 1953, correram lágrimas, por diversas vezes, de uma imagem de gesso que representa o Coração Imaculado de Maria. O acontecimento fora fotografado e filmado. Os filmes mostraram, de maneira comovente, a formação, o derramamento e a dissolução das lágrimas. Uma comissão de médicos e cientistas, após examinar o líquido, deram o parecer: “O líquido é formado de secreção lacrimal humana”.

Os bispos, logo a 12 de dezembro, concluíram: "Não se pode pôr em dúvida esta lacrimação". Mensagem: O sinal das lágrimas e o silêncio de Maria gritam mais alto. O último recurso da mãe são as lágrimas, última arma de uma mãe para os filhos rebeldes, após a palavra e os gritos!

6. Medjugorge

Sobre as aparições de Medjugorge posso dar meu testemunho, pois estive lá por uma semana (12-18 fevereiro 1987). Assisti um dia, na sala das aparições. A sala estava repleta de pessoas de todas as partes do mundo. Por feliz coincidência, estive ao lado dos dois videntes: Maria e Jacob. Eu os contemplei de perfil: estavam em êxtase, fascinados por alguém com quem se comunicavam. Médicos e psicólogos analisaram os videntes: jovens sadios física e psiquicamente.

Conversei por três horas com duas videntes. O que concluir? A Igreja não se pronunciou oficialmente. É difícil julgar; mas dos frutos pode-se conhecer a raiz da árvore. Em Medjugorge, vi milhares de jovens convertidos. Passei uma semana com jovens dependentes de drogas; dormi no mesmo quarto. Vi milhares de pessoas revelando sua mudança de vida após a permanência em Medjugorge. Não tenho dúvida: os frutos são sinais da presença de Maria! Fiz uma pergunta-teste a Maria (menina vidente): "O que você sentiu na primeira aparição?" Eis a resposta: "Senti sentimentos contraditórios, vontade de afastar-me, medo, sensação de ser indigna, pecadora e, ao mesmo tempo, um louco desejo de chegar perto, de abraçar, de apertar a Virgem tão materna".

Eu conclui: é a mesma sensação dos Santos nas experiências místicas. Os videntes são jovens simples e sem cultura profunda dos místicos; não podem inventar. Aqui, há o dedo de Deus. O que a Mãe pede? Oração, conversão, jejum, reconciliação.

7. Guadalupe: índio mexicano

Ao jovem Diego, apareceu a Virgem Maria em 1531. Para confirmar a aparição, Maria dá um sinal: Rosas no terreno pedregoso e em tempo impróprio. Era um prodígio. Em seguida, na manta de Diego ficou impressa a imagem da Virgem. Qual a mensagem? Maria promete: "Amor, ajuda e proteção como mãe". Maria aparece para assumir a causa dos pequenos oprimidos.

Guadalupe é a TERNURA de Maria para com os índios e um alerta aos conquistadores para iniciarem a civilização do amor.

8. Aparecida

Em 1717, três pescadores de Guaratinguetá remavam o Paraíba acima, lançando suas redes. Não conseguindo apanhar peixes, invocaram a proteção de Maria e dos Santos e, logo, sentiram a rede enroscar em alguma coisa... Era uma estátua de Nossa Senhora da Conceição, sem cabeça. Em seguida, pescaram a cabeça da própria imagem. A pescaria continuou e foi abundante: sinal das futuras conversões prodigiosas. A partir daí, começou a devoção a Nossa Senhora Aparecida. Essa devoção foi crescendo de ano para ano e estimulada por muitos milagres.

Hoje, o novo Santuário de Aparecida é a maior Basílica Mariana do mundo, que acolhe milhares de fiéis. Estamos na hora de Maria e na hora da Igreja.

9

MARIA NA GLÓRIA

"Nós acreditamos que a Imaculada Mãe, a sempre Virgem Maria, terminado o curso desta vida terrestre, foi assunta à Glória Celeste em alma e corpo" (Bula de Pio XII 1.11.1950).

"O que é a Glória?

É a plenitude da própria identidade;

É a realização final, plena, total do projeto de Deus;

É ser o que devemos ser;

É júbilo sem-fim;

É realização sem sombra de frustrações.

A glória do pinheiro não está no broto do pinhão, nem na pirâmide elegante de um pinheiro, mas no monumental tronco e no majestoso cálice do pinheirão, após 50-100 anos de crescimento. Em tudo, olha a meta final, o ideal. Em tudo, pensa no fim: a glória que o espera! A ausência de metas freia todos os ideais. Contemplar a Glória de Maria é estímulo para caminhar.

A) ASSUNÇÃO DE MARIA

1. Seguimento do filho até o fim

Se alguém seguiu Cristo de perto sem o menor desfalecimento, foi Ela, Maria. Como Cristo não haveria de levá-la com Ele, em corpo e alma, à Glória, após ter percorrido o caminho do calvário?! Que outra recompensa se poderia imaginar para Maria, senão essa participação imediata na vida do Senhor Ressuscitado e Glorioso?!

A maternidade divina e sua Imaculada Conceição estão em consonância profunda com a Assunção. Como poderia corromper-se o corpo "Daquela" em que "o Verbo se fez carne..." para salvar a carne?! É a mãe de Deus. Como poderia corromper-se o corpo "Daquela" que escapou totalmente do abraço do pecado? É a Imaculada Conceição. Como poderia virar cinza o corpo "Daquela" que, por sua consagração virginal, pertence, de maneira perfeita e exclusiva, a seu Filho e sua missão?! É a sempre Virgem Maria, associada a Jesus de uma forma absolutamente única. Maria está unida ao Verbo de Deus como nenhuma outra criatura. Do "SIM" da Anunciação ao consentimento do doloroso calvário, Maria entrega-se, com todo o seu ser, "à pessoa e à alma de seu Filho" (LG 56).

2. Maria amplia sua missão

Maria, na vida Eterna, amplia sua missão. Todos os eleitos, que entram na Glória Eterna, ampliam sua missão. Santa Teresinha, antes de morrer, prometera: "No Paraíso não terei sossego: quero derramar rosas para todos". De maneira mais eminente, Maria, unida a Cristo, torna-se a mãe e intercessora universal.

Após a Assunção de Maria ao céu, seu papel, na salvação, não se interrompe. Seu amor maternal leva-a a cuidar dos irmãos de seu Filho, cuja peregrinação ainda não acabou (LG 62). A missão de Maria começou no dia em que foi assunta ao céu e continua até a consumação definitiva de todos os tempos (LG 62). Seu cuidado maternal não empenha só sua alma, mas todas as suas capacidades de sua humanidade elevada à Glória.

3. A meta nos espera: A Glória

O que acontece com Maria, acontecerá com cada cristão. Proclamemos com júbilo: "Creio na ressurreição da carne". Maria é a estrela da esperança, que brilha "para o povo de Deus ainda peregrinante, até que chegue o dia do Senhor" (L.G. 68). Jesus ressuscitado é a fonte dessa esperança e é realmente dele que deriva a Glória. Em Maria, a Igreja pode contemplar o modelo e o ideal ao qual fora chamada.

4. Assumir as tarefas

Célebre foi a definição de Marx: "A religião é o ópio do povo". O cristão, que não assume as tarefas terrestres, é um alienado... Não é um discípulo de Jesus. Maria, elevada ao céu em corpo e alma, recomenda-nos, de maneira viva, o que é nosso último destino. E não é apenas a dignidade do corpo humano que é, aqui, posta em evidência; é, também, a seriedade e o valor do empenho nas tarefas terrestres, que Deus nos confia. Nada que seja "humano" deve escapar a sua ação, pois Ele quis assumir tudo o que é humano no mistério da Encarnação.

A Assunção de Maria não convida à evasão – a pensar no céu para fugir da terra –, mas para um empenho sério, agora e aqui, como forjadores da história (Puebla). O cristão tem as mãos e os pés bem plantados aqui na terra.

Indiquei um bom pedreiro, paroquiano meu, para um serviço na casa de uma pessoa devota. Desde o primeiro dia de trabalho, João Evangelista, competente pedreiro, foi vítima de uma aventura curiosa, até cômica. Ao meio-dia, descobriu que sua marmita estava vazia. O cachorro da dona, correndo pelo quintal, mostrava-se alegre, abanando seu rabo como que desafiando o pedreiro. Batendo na porta da senhora, João se desculpou: "Seu cachorro comeu meu almoço". A dona escutou, franziu o sobreolho e... correu ao telefone, esbravejando: "Doutor, venha rápido, meu cachorro comeu o almoço do pedreiro! Será que não vai ter cólica?"

O pedreiro comentava comigo: "Ela, tão devota, ou melhor, tão beata, não entende nada do Evangelho. No lugar de prover alguma coisa para meu estômago vazio, pensou em seu cachorro. Eu sou menos do que seu cachorro". A Assunção de Maria não pode ser evasão do mundo, fuga da terra sem compromissos; deve responsabilizar os fiéis para assumir as realidades terrestres, agora e aqui, como forjadores da história, seguindo o exemplo da Mãe Maria, pronta a atender a prima Isabel ...

B) MARIA, MEDIANEIRA DE TODAS AS GRAÇAS

1. Medianeira diante do único mediador

Há um só mediador. O texto Paulino é claro: "Há um só Deus e um só Mediador entre Deus e os homens: Jesus Cristo homem" (1Tm 2,5). A obra salvadora de Jesus é completa, de valor infinito para a salvação de todos. Todavia Cristo quis a cooperação de Maria. Maria é o laço permanente entre Cristo e o cristão. A mediação de Cristo, fonte única da Graça, inclui a participação dos crentes. A um título todo especial, a participação de Maria, unida a seu Filho ao pé da cruz, foi dada como Mãe a sua Igreja. Pela comunhão dos santos, proclamamos que estamos unidos e solidários uns com os outros. O que entendemos por Maria medianeira? Que Deus dá suas Graças por intermédio de Maria, porque assim Deus quis! Repetimos: Deus podia escolher outros meios de encarnação, mas escolheu Maria. Assim, podemos chamar Maria de mãe e medianeira.

2. Fundamentação

a) Bíblica

A palavra "medianeira" pode parecer excessiva, pois só Jesus é o único Mediador (1Tm 2,5). Mas numerosas mulheres, figuras de Maria, preanunciaram a mediação especial junto ao único Mediador. Ester, Judite, Débora são precursoras de Maria. Abraão (Gn 18,17-23) se interpõe como intercessor em favor do mundo pecador. A mediação de Maria é consequência do mistério da Encarnação e da maternidade. Toda mãe é também uma medianeira. O primeiro milagre de Jesus aconteceu pela mediação da mãe (Jo 2).

b) Litúrgica

Desde o século III, quando se divulgou o culto a Maria, nasceram as invocações à Mãe de Deus com pedidos de intercessão. Passaram-se séculos e séculos de culto a Maria com uma doutrina clara sobre a mediação. Em 1922, o papa concedeu à Bélgica e às dioceses interessadas a autorização de celebrar a festa de Nossa Senhora Medianeira.

c) Conciliar

Por razões ecumênicas e pastorais, o Concílio Vaticano II omitiu os termos: Medianeira e Corredentora, preferindo "Serva do Senhor", "Filha de Sion", "Mãe do Salvador",

"Sócia do Redentor". Todavia não nega a doutrina da mediação; aliás, reforça-a, declarando Maria Mãe da Igreja (1964).

3. Conclusões vivenciais

a) Maria vê nossas necessidades antes do que nós

"Os olhos são mais ligeiros do que os lábios." Em Caná, Maria viu a falta do vinho... E, depois, falou: "Eles não têm mais vinho". Nós somos cegos, porque estamos hipnotizados pelas "aparências do mundo e da carne". Quantas vezes nos enganamos: borboleteamos de flor em flor e não colhemos o néctar. Maria, como mãe, está sempre adiantada. Só resta uma conclusão: viver em união com Maria... Com Jesus em Maria; orar com Maria; tudo fazer por Maria.

b) Maria... Tudo passa por Ela

São Bernardo escreve: "Deus quis que tudo tivéssemos por meio de Maria...". Pio X declara: "Maria é a distribuidora de todos os dons que Jesus mereceu". É preciso experimentar para crer. Experimente iniciar, continuar e encerrar seu dia com Maria. Una-se a Maria e sentirá o que São Luís de Montfort escreve: "Quem encontrou Maria, encontrou o tesouro".

c) O segredo dos Santos

Os santos, absorvidos em mil atividades, viviam seu dia a dia repetindo jaculatórias a Maria. Eis as mais famosas:

"Totus tuus, tudo teu";

"Ó Maria, concebida sem pecado original, rogai por nós que recorremos a Vós";

"Minha Mãe, minha confiança" (João XXIII);

"A Ti me entrego, mãe de ternura, a Ti me entrego Mãe de Jesus"!

Esta última é o canto dos missionários da Divina Ternura.

4. Maria Rainha

Uma rejeição injustificada. Por motivos sociológicos, alguns conceitos são rejeitados hoje: "Rei, Rainha, Reino". Por quê? Esses termos estão repletos de ressonâncias ambíguas: autoritarismo, opressão, esbanjamentos às custas dos pobres... Tudo isso é contra a democracia, a justiça social, autonomia humana. E, assim, rejeitando as realezas terrestres, rejeitou-se, injustamente, a realeza verdadeira: aquela de Maria.

Fundamentação bíblica

A Encíclica de Pio XII, declarando Maria Rainha, fundamenta o título na Bíblia:

O Filho de Maria reinará eternamente (Lc 1,32-33). Se Jesus é Rei, Maria, a mãe associada ao Filho, pode ser chamada Rainha;

Isabel chama Maria de "Mãe de meu Senhor" (Lc 1-93): o termo "Senhor" é sinônimo de Rei. Maria é a verdadeira Rainha.

Fundamentação teológica

Eis como os teólogos argumentam: "Cristo é o novo Adão e Maria a nova Eva". Cristo é nosso Rei, porque é Filho de Deus, nosso Redentor. Maria é nossa Rainha, porque é Mãe de Deus, associada a Cristo Redentor. O Vaticano II afirma que todo batizado é "sacerdote, profeta e Rei", pois participa do sacerdócio, do profetismo e da realeza de Cristo. Como podemos negar a Maria a realeza, sendo ela a criatura que "ultrapassa em dignidade toda a criação?!" A realeza de Maria não é política nem jurídica, mas é "uma realeza supraterrestre que toca os corações" (Pio XII). Maria é a Rainha do meio do povo de Deus. O termo rainha pode levar para uma separação do povo. A realeza de Maria é um serviço ao povo: é mergulhada no povo de Deus. Que rainha diferente das rainhas terrestres! É por isso que, ao longo da história, muitas mulheres rainhas se tornaram santas, seguindo o exemplo de Maria... Santa Isabel da Hungria lavava os pés dos pobres...

Maria é Rainha com Jesus. Todo o poder do céu e na terra pertence só a Jesus, que quis partilhá-lo com a Mãe (Mt 28,18). O papel da Rainha-Mãe (Gebirah), no reino divino, era participar no serviço ao povo. A Rainha-Mãe tinha um papel importante nas núpcias do Filho. Maria é a rainha que participa das núpcias do Cordeiro (Ap 19,9); a Eterna Aliança do sangue de Cristo com a humanidade. Escreveu o teólogo, hoje cardeal Walter Kasper: "A realeza divina é uma realeza de amor: a Glória de Deus manifesta-se em sua liberdade soberana de amor e de perdão". A realeza de Maria é o oposto de opressão e de escravidão, às vezes, tão presentes no poder humano.

Salve, Rainha

Antes da "Ave-Maria", o povo proclamava e cantava a "Salve, Rainha". O autor é o monge Hermano, o coxo, famosíssimo cientista, astrônomo, matemático, teólogo, agrônomo, músico.... e mais um pouco. Quando nasceu, Hermano parecia um monstrinho com deficiências físicas, que nem lhe permitiam de estar sentado, a não ser com um monte de travesseiros. Os pais, nobres condes alemães, confiaram-no aos monges, que fizeram dele um gênio. Recebeu uma formação espiritual profunda e uma vasta cultura em várias ciências. Como gratidão a Maria por tudo o que tinha recebido de Deus e do mosteiro, quis compor, em homenagem a Nossa Senhora, uma oração. Assim, nasceu a SALVE, RAINHA, enriquecida, posteriormente, com uma melodia gregoriana, que se tornou famosíssima.

C) PARUSIA: A GLÓRIA DE MARIA, NOSSA GLÓRIA

1. Os bens eternos

Leão XIII tinha alertado do imediatismo dos maiores males modernos. Imediatismo é a procura dos bens passageiros agora e aqui. A pressa é uma característica de nossa geração: em tudo se quer ver, experimentar, colher... já, agora e aqui. Jesus tinha dito: "Ajuntai tesouros para vós no céu, onde nem a traça e nem o caruncho destroem e onde os ladrões não arrombam nem roubam" (Mt 6,20). Contemplando a Glória de Maria, sentimos um grande júbilo: também nós lá chegaremos. Mil bens materiais nos atraem e nos distraem da meta. A Liturgia, constantemente, convida-nos a orar assim: "Ó Pai, fazei que, saciados dos alimentos terrestres, sempre procuremos os bens celestes".

2. Maria porta do céu: Janua Coeli

Entre os títulos mais especiais dados a Maria, há este: Maria é a porta do céu. Já São Bernardo escrevera: "Tudo passa por Maria... pelas mãos de Maria" (PL 183,441). A entrada em um local depende da porta aberta. Deus podia escolher outro meio, mas escolheu este: que Maria seja mãe, a medianeira, a porta do paraíso. As maiores conversões aconteceram por intermédio de Maria. Podemos afirmar que nunca houve real conversão sem a intercessão de Maria.

Os maiores santos conseguiam evangelizar, porque com a oração recorriam a Maria: São Domingos, São José de Anchieta, Dom Bosco... Hoje, todos os movimentos têm uma devoção especial por Maria. Todavia há uma obra em particular: É chamada obra de Maria. Como nasceu? Chiara Lubich, orando em Loreto, na casa de Maria, sentiu uma luz extraordinária: consagrar-se a Maria sem, todavia, entrar em um convento. Hoje, daquela consagração, nasceu a obra de Maria, chamada de Focolari ou "lares de fogo", que se espalhou no mundo inteiro.

3. Em tudo por Maria, com Maria, em Maria

São Bernardo pede ao cristão: "Olha a estrela e invoca Maria". Em tudo o que fizermos, precisamos sempre olhar a meta final. Muitas vezes, deixamo-nos levar pelas correntezas do mundo, da preguiça, da gula, dos desvios da sexualidade e nos autodestruímos. Viver unidos a Maria significa:

– Planejar, decidir;
– Orar sem cessar;
– Agir, assumindo o projeto de Deus.

Conclusão

Precisamos acertar o sentido da vida para chegar à parusia com Maria. O maior rio do mundo nos revela o segredo. A 4.500 metros, nos Andes peruanos, no meio de uma maciça geleira e de neves eternas, nasce um pequeno riacho: é o começo do maior rio do mundo. Estamos a 110 km do oceano Pacífico e a milhares de quilômetros do Atlântico. O riacho parece procurar o mar com desespero; contudo não embica em direção ao Pacífico, tão perto, mas para o Atlântico: aqui já aparece um dos tantos "sem sentidos" da longa marcha. É uma viagem rica de contrastes: do frio das neves eternas até o calor da planície. Centenas e centenas de rios a ele convergem; ele é o rei. Persevera inexorável em sua marcha; não aceita canalizações ou barreiras; busca sempre a unidade. Os rios Purus, Madeira, Tapajós, Xingu e Negro formam um tecido de mãos dadas, rumando para a vitória. Os riachos, que se recusam a unir-se ao grande rio, secam e morrem. O rei avança com calma, atira-se ao mar. Percorre ainda 160 km, formando turvas pororocas. Quantos dias levou para chegar? Não interessa. Agora sossegou... Pois chegou... Afinal, acertou o sentido. Não é essa mesma a marcha de nossa vida?! Procuramos a felicidade (mar) com desespero.

Acertando o sentido da vida com MARIA, chegaremos à PARUSIA.

10

MARIA NA LITURGIA

A distinção entre "ato litúrgico" e "ato religioso" nem sempre é fácil. A Santa Missa é um ato litúrgico; o Rosário é um ato religioso. Ao culto mariano, dedicamos dois capítulos: Maria na liturgia e Maria na religiosidade popular. Os dois enfoques se completam. Liturgia é ação sagrada, por meio da qual a Igreja celebra, com ritos, a obra sacerdotal de Cristo para a Glória de Deus e a santificação dos homens.

A religiosidade popular criou, ao longo da história, mil expressões de culto a Maria: rosário, procissões, pregações, uso de objetos religiosos (estátuas, imagens, escapulários). Não é fácil distinguir o culto litúrgico da religiosidade popular. O culto a Maria foi se desenvolvendo no Oriente e no Ocidente com formas, às vezes, separadas e paralelas e, às vezes, integradas em um mútuo enriquecimento. A iconografia acompanhava o desenvolvimento. As devoções afloraram criativas, mas também caindo em formas mágicas e alienantes. Um pai, comentando a morte do filho, justificou-se: "Pedimos a cura a Nossa Senhora. Mas, Deus deu, Deus tirou". Conhecendo a dependência dele ao álcool, pensei: "Deus deu, mas você não cuidou". Oração, sim! Mas também a consulta médica e o remédio. Os primeiros cristãos, contemplando a Mãe de Deus, nova Eva, chegaram a duas conclusões:

Maria é isenta do pecado original, por iniciar uma nova humanidade reunida por Jesus;

Maria não foi sujeita às consequências deste mesmo pecado, por ser concebida sem pecado original: corrupção do corpo, dores do parto.

Assim, desde os primeiros séculos, celebravam a festa da Assunção: subida ao céu em alma e corpo glorioso. Ao longo da história, desde os primeiros séculos, os cristãos expressaram uma veneração especial a Maria, Mãe de Jesus. A fundamentação teológica é evidente:

Maria está unida a Cristo como nenhuma outra criatura; Unida na Páscoa: paixão, morte e exaltação;

Maria é o modelo do verdadeiro culto: fazer da vida uma oferenda a Deus e um serviço aos irmãos;

Maria é a criatura que soube ouvir: "Tu és minha filha, eu hoje te gerei"; que soube Responder: "Eis-me aqui para fazer tua Vontade".

Toda a história da salvação tem Cristo como centro; contudo também Maria está sempre presente. Foi prefigurada no Antigo Testamento, nas grandes mulheres: em Eva, Sara, Raquel, Ester, Ruth... Foi participante no Novo Testamento: nas bodas de Caná, ao pé da cruz, no Cenáculo. Maria é comparada a:

– Estrela da manhã: a estrela que traz o sol (o Cristo);
– Torre de Davi: refúgio, fortaleza, segurança;
– Arca da Aliança: contém o Libertador da Nova Aliança;
– Árvore da Vida: seu fruto é o próprio Cristo.

A) CELEBRAR A LITURGIA: DAR TEMPO AO QUE É IMPORTANTE!

1. Eterna pergunta: Para que serve isso?

A vida nos deve levar a dar tempo ao que é importante. Frequentemente, damos mais tempo ao que é menos importante ou até sem importância. Tudo começa errado quando levantamos a eterna pergunta: para que serve isso? Se o enfoque de nossa vida é autoutilidade e ainda a utilidade imediata, já estamos perdidos. Quantas coisas não têm utilidade aparentemente:

- Por que esta flor na mesa?
- O que posso lucrar com um retiro?
- Orar dá lucro?
- Por que esta cruz no peito?
- Por que esta dor? Esta morte?

A flor, na mesa, não tem utilidade, mas faz sentido. O crucifixo no peito tem um sentido para os cristãos. Eis o eterno dilema: procurar utilidade ou sentido? A liturgia, para "dar o sexto sentido", procura atingir os cinco sentidos:

1. Olfato: incenso;
2. Visão: imagens, cores;
3. Audição: palavra e canto;
4. Paladar: água, pão;
5. Tato: tocar, beijar.

2. Além da utilidade das coisas, o sentido da vida!

O homem se atira à procura das utilidades imediatas, quase hipnotizado pelos lucros que pode obter e, mais tarde, perde o sentido da vida. Quando perdemos o sentido da vida, mesmo que tenhamos conseguido tantos sucessos, nossa vida torna-se vazia: é o tédio que chega ao nojo. A literatura contemporânea revela o vazio de nossa geração. Além da utilidade das coisas, é preciso procurar o sentido da vida. Os deficientes físicos e psíquicos não têm utilidade, não dão lucro para a humanidade, aliás, são um peso. Será que tem sentido a presença deles em nosso meio?!

São José Cottolengo recolheu, em uma grande casa – "A Casa da Divina Providência" – todos os deficientes físicos e psíquicos rejeitados pela sociedade; e os chamava de "pérolas". A atitude para com os "inúteis da sociedade", deficientes de todas as formas, sempre foi o teste de uma cultura. Os gregos-espartanos eliminavam as crianças portadoras de deficiências físicas ou mentais. Porém nossa geração foi além, até o paradoxo do utilitarismo: os deficientes servem para fazer sabonetes ou cosméticos. Para descobrir o sentido da vida, é preciso parar, às vezes, recuar, interromper as atividades e questionar-se: para onde vou?! O que estou fazendo tem sentido?! É Jesus quem dá o sentido das coisas e nos indica o além.

Sobretudo com sua vida de serviço, Jesus responde à eterna pergunta: Para que serve isto?

3. Celebrar: dar tempo ao que é importante

É o aniversário do papai; é bom parar para celebrar uma festa. Faleceu nosso vizinho; é bom parar para celebrar a vida. Nossa escola faz cem anos de fundação; é bom parar e celebrar a memória secular. Celebrar é dar tempo ao que é importante. Nós, cristãos, chamamos essa celebração de Liturgia. É uma interrupção de todas as outras atividades para dar ou perder tempo para o que é importante. Tão importante que dá o verdadeiro sentido a nossa vida!

O cristão interrompe suas atividades para recolher-se em oração e, todo Domingo, celebrar o dia do Senhor, pois já descobriu que "Domingo sem Missa, semana sem Graça. Viva na Graça, participando da Missa".

A Liturgia é adoração ao Pai e serviço aos irmãos! Lavando os pés!

B) FESTAS LITÚRGICAS MARIANAS

Em todo o Ano Litúrgico, Maria está presente nos três ciclos: Natalino, Pascal, Pentecostal. Três festas celebram os três dogmas Marianos:

Imaculada Conceição (oito de dezembro): Maria foi concebida sem pecado original;

Maria, Mãe de Deus (primeiro de janeiro): Maria é Mãe de Deus por ser a Mãe de Cristo (Homem-Deus) e é, ao mesmo tempo, Mãe da Igreja;

Assunção de Maria (quinze de agosto): Maria foi assunta ao céu em um corpo glorioso.

São solenidades do Senhor, de conteúdo Mariano:

Anunciação do Senhor (vinte e cinco de março): é o mistério da encarnação lembrado na oração "O anjo do Senhor anunciou a Maria";

Apresentação de Jesus (dois de fevereiro): "Uma espada transpassará tua alma".

Festas:

Natividade de Maria: 8 de setembro;

Visitação de Maria à prima Isabel: 31 de maio; "Maria peregrina é o símbolo da Arca da Aliança".

As memórias:

Nossa Senhora de Lourdes: 11 de fevereiro;

Nossa Senhora do Carmo: 16 de julho;
Dedicação da Basílica de Santa Maria Maior: 5 de agosto;
Maria Virgem e Rainha: 22 de agosto;
Nossa Senhora das Dores: 15 de setembro;
Nossa Senhora do Rosário: 7 de outubro;
Apresentação de Maria Virgem: 21 de setembro;
Coroação de Maria: sábado após o segundo Domingo de Pentecostes.

Festas e memórias especiais celebradas em cada país e diocese, como: N. S. Aparecida, N. S. de Guadalupe e outras.

Devoções:

Entre todas as devoções, a mais bíblica e completa é a meditação do rosário com os vinte Mistérios.

C) MARIA: ORVALHO FECUNDO

São incontáveis os títulos que foram dados a Maria. Cada nação, ou até cada cidade, cria devoções para expressar o amor a Maria. No Paraná: Nossa Senhora do Rocio. A origem da devoção a Nossa Senhora do Rocio é espanhola, mas logo irradiou-se em Portugal e no Brasil.

1. Fundamentação Bíblica

Os textos bíblicos sobre o orvalho (ou rocio) são inumeráveis. Maria é a terra fecunda, que acolhe o orvalho. O orvalho, que fecunda a terra, é o símbolo da Encarnação do Filho de Deus, símbolo da suavidade e da ternura que caem, silenciosamente, durante a noite, como o maná. Indicação bíblica: Números: 19,9. Êxodo: 15,13. Deuteronômio: 32,2; 33,28. Salmo: 133,3. Jó: 38,28. Provérbios: 3,20. Oseias: 6,4; 14,5.

2. Devoção

A devoção a Nossa Senhora do Rocio deve ser ainda descoberta. Como o orvalho, Maria fecunda e salva a humanidade, silenciosamente, sem fazer barulho ou propaganda; no entanto com perseverança e ternura. Enfim, o orvalho tem um poder quase milagroso: tirar as manchas. Nossas vovozinhas não tinham detergente para tirar as manchas: estendiam sobre a grama, durante a noite, a roupa lavada. O orvalho tira as manchas. Ele tem quatro propriedades: silencioso, perseverante, fecundo e imaculado. Maria é silenciosa, perseverante, fecunda e imaculada!

11

MARIA NA RELIGIOSIDADE POPULAR

A) AS MIL EXPRESSÕES MARIANAS DO POVO

Quando apresentaram ao papa Paulo VI a nova devoção “Nossa Senhora do Equilíbrio”, ele respondeu: “É desta mesmo que precisamos!”

O que dizer das mil devoções tradicionais e recentes até Nossa Senhora desatadora de nós? O elenco seria muito longo. O mês de maio, dedicado a Nossa Senhora, foi fecundíssimo de pregações, cantos, livros, encenações, celebrações, envolvendo todos, das crianças aos adultos, dos jovens aos idosos e doentes. Surgiram muitos santuários marianos, dedicados a mil títulos dados a Nossa Senhora.

No meio de tantas devoções, registramos aqui o uso do escapulário e, em especial, do mais famoso: o de Nossa Senhora do Carmo. O Escapulário do Carmo, enquanto veste devocional, surgiu no século XII. Segundo a tradição, no dia 16 de julho de 1251, São Simão Stock suplicava ajuda a Nossa Senhora para resolver um problema da Ordem do Carmo, da qual era o Prior Geral. Enquanto ele rezava, a Virgem Maria apareceu-lhe trazendo o Escapulário nas mãos e disse essas confortadoras palavras: "Recebe, meu filho, este Escapulário de tua Ordem, como sinal distintivo da confraria e selo do privilégio que obtive para ti e para todos os Carmelitas: aquele que com ele morrer, não padecerá o fogo eterno. Este é um sinal de salvação, uma salvaguarda nos perigos e prenda de paz e de aliança eternas".

O Escapulário é um sinal de aliança com Nossa Senhora e exprime a consagração de quem o usa. Segundo a devoção católica, assim como Maria vestia seu Filho Jesus, da mesma forma Maria quer revestir também a nós, seus filhos adotivos. Pois toda a humanidade, simbolizada por João Evangelista, foi entregue por Jesus aos cuidados de Maria, ao dizer: "Mulher, eis aí teu filho" (Jo 19,26), na mesma ocasião em que os soldados, pela sorte, decidiam sobre a propriedade da túnica de Jesus. O escapulário é o símbolo do mesmo avental que Maria usava nos serviços domésticos.

Supérfluo dizer que a devoção das devoções marianas é o Santo Rosário, recomendado por Maria nas aparições e incentivado pelos Papas, em especial por Leão XIII. A melhor definição do Rosário é: "Contemplar a vida de Jesus com os olhos de Maria".

B) A VIDA DE JESUS CONTEMPLADA COM OS OLHOS DE MARIA

O Rosário é a oração mais bíblica, mais simples e mais atual para derrotar os falsos deuses: aparecer, ter, prazer e poder. Meditar o Rosário é mergulhar na Divina Ternura.

Quatro são os males ou deuses da sociedade moderna:

1) Aparecer; evasão da vida laboriosa e escondida;

2) Ter: mais tenho, mais posso; mais posso, mais domino;

3) Prazer: horror a todo sacrifício e sofrimento;

4) Poder: esquecimentos dos bens eternos.

Eis o Rosário como resposta, em quatro partes:

1) Mistérios Gozosos;

2) Mistérios Luminosos;

3) Mistérios Dolorosos;

4) Mistérios Gloriosos.

É o remédio para nosso século: o deus aparecer, o deus ter, o deus prazer e o deus poder são derrotados pelos Mistérios do Santo Rosário.

1. História

Como nasceu o Rosário na forma que hoje utilizamos?

Os monges analfabetos, em vez de proclamar os 150 Salmos, repetiam 150 Pai-nosso. Em seguida, nasceu a ladainha de 150 Ave-Maria.

Só em 1483, é que se acrescentou a Santa Maria: "Santa Maria, Mãe de Deus, rogai por nós, pecadores, agora e na hora de nossa morte. Amém". E foi nesta época também que se acrescentou o nome "Jesus" no final da primeira parte.

A segunda parte é de origem popular-eclesial e também foi surgindo aos poucos. Vale a pena lembrar o sermão, no qual São Bernardino de Sena († 1444), ao comentar a Ave-Maria, disse que, ao final desta, se poderia acrescentar "Santa Maria, rogai por nós pecadores". A súplica a Maria começa com o adjetivo santa, porque Maria é a primeira entre todos os santos venerados pela Igreja, pois somente Ela é "cheia de graça".

A fórmula atual da Ave-Maria, que se difundiu lentamente, foi divulgada no breviário publicado em 1568, por ordem do papa Pio V. Dividindo 150 Ave-Maria em 15 dezenas, chega-se a contemplar 15 momentos ou mistérios da vida de Jesus e de Maria. A oração foi chamada de Saltério Mariano e de Rosário. São Pio V aprovou essa forma, que perdura até hoje.

Em 1999, o papa João Paulo II incluiu mais cinco mistérios: os Mistérios da Luz ou da vida pública de Jesus. Então, temos: 20 mistérios, 200 Ave-Maria, 20 Pai-nosso e 20 Glória.

Pelo secularismo, o Rosário foi abandonado; mas, pelos humildes, foi redescoberto e valorizado.

2. Festa do Santo Rosário

São Pio V instituiu a festa do Santo Rosário em 7 de outubro de 1572.

Todos os papas recomendaram a Oração do Rosário.

Leão XIII, chamado "segundo Papa do Rosário", fez 22 intervenções, incentivando essa oração como resposta-remédio aos males do mundo atual.

3. Valor do Rosário

Pode-se assim valorizar a Oração do Rosário:

"É o Creio feito oração" (Card. Newman).

Oração simples: é a oração dos pobres e humildes;

Oração contemplativa: contempla a vida de Jesus e de Maria;

Oração catequética: é a verdadeira catequese;

Oração vivencial: é a parábola da vida, com momentos gozosos, luminosos, dolorosos e gloriosos.

Oração criativa: meditando, somos forçados a assumir, a cada dia, nossa vida de uma forma criativa e não corriqueira;

Oração pré-litúrgica: o Rosário nos introduz à Liturgia;

Resumo de toda a Mariologia.

A REPETIÇÃO DA AVE-MARIA É A REPETIÇÃO DE ATOS DE AMOR.

C) MISTÉRIOS GOZOZOS

1. Anunciação (Lc 1,26-38)

A) O Evento: o que acontece:

Saudação do Anjo: Ave, cheia de Graça (kecharitomene);

Perturbação de Maria;

Primeira explicação: "Não temas, conceberás...";

Maior perturbação de Maria: "Como pode? Não conheço homem... (e não pretendo conhecer)..."; Espírito Santo virá sobre ti. Para Deus nada é impossível";

E Maria disse: "Eu sou a serva do Senhor. Faça-se em mim segundo tua Palavra".

B) Vivência: o que deve acontecer hoje:

O Mistério da Encarnação REVELA (tira o véu), em plenitude, o Amor de Deus: O Verbo se fez carne;

Disponibilidade ao plano de Deus: resposta ao chamado;

Obediência aos sinais de Deus, para o qual tudo é possível;

Confiança total à vontade de Deus;

O chamado exige uma resposta: "Eis-me aqui";

O valor da virgindade pelo Reino é para uma maternidade maior.

2. Visitação (Lc 1,39-56)

A) O Evento: o que acontece:

Maria visita a prima Isabel, percorrendo, às pressas, os 150 km entre Nazaré e Jerusalém;

No encontro: as mães se saúdam, os filhos se tocam e exultam por obra do Espírito Santo;

Isabel completa a saudação do Anjo: "Bendita és tu entre as mulheres e Bendito é o fruto do teu ventre. Feliz és tu que acreditaste";

Maria canta: "Minha alma glorifica o Senhor...";

Por três meses, Maria dedica-se aos serviços mais humildes.

B) A vivência: o que deve acontecer hoje:

Solidariedade e disponibilidade para os serviços mais humildes;

Quem "carrega" Jesus opera maravilhas e júbilo;

Vivenciar o *Magnificat* é proclamá-lo, meditá-lo e praticá-lo na lógica de Deus, que exalta os humildes e destrona os orgulhosos.

3. Nascimento em Belém (Lc 2,1-20)

A) O Evento: o que acontece:

1) Dois quadros contrastantes:

O Imperador convoca para o recenseamento, para ser adorado como deus-poderoso;

Deus convoca os anjos e os pastores para adorar O REI DOS REIS em um estábulo.

2) A pobreza de Belém é uma lição: pobres panos em um cocho de animais e em uma gruta sem porta, fora da cidade.

3) Os primeiros adoradores são os excluídos da sociedade: os pastores, pelo mau cheiro, nem podiam entrar no fórum para testemunhar, e nem os pescadores. E Jesus os escolhe!

4) Maria guardava tudo em seu coração (Lc 2,19).

5) Cantemos com os anjos: Glória a Deus e Paz na terra!

Pobreza não é castigo e riqueza não é privilégio. Pobreza

evangélica não é miséria, mas uso sóbrio dos bens, o que proporciona mais liberdade. O pobre de coração é o desapegado dos bens; por isso é livre. Ser cristão é colocar-se na manjedoura: disposto para servir. Missão do Cristão é adorar ao Pai (GLÓRIA) e servir aos irmãos na justiça (PAZ).

4. Apresentação ao templo (Lc 2,22-38)

A) O Evento: o que acontece:

1) Jesus é apresentado ao Templo e resgatado com um par de pombinhas: o resgate dos pobres;

2) Simeão profetiza sobre Jesus como sinal de contradição e Maria traspassada por uma espada. O que Deus poupou a Sara, exigiu de Maria: doação do próprio e único Filho!

3) Ana é a primeira missionária: a todos, fala de Jesus.

B) Vivência: o que deve acontecer hoje:

Diante de Jesus precisa definir-se: ou a favor ou contra. Precisa descer do muro da indefinição.

Ele incomoda: ou é pedra angular ou é pedra de tropeço.

Cada coração de cristão será transpassado para ver o que tem dentro, eliminar os tóxicos e enchê-lo da Graça divina.

A espada corta, mas também abre caminhos.

Cada dia, ofereçamos a Deus nossa vida, como oferenda.

5. Reencontro no templo e vida escondida em Nazaré (Lc 2)

A) O evento: O que acontece:

1) Jesus antecipa sua missão: discute com os doutores.

2) Maria repreende Jesus, mas logo é esclarecida sobre a missão do Filho: fazer a Vontade do Pai.

3) Maria guardava tudo em seu coração, mesmo sem entender.

4) Em Nazaré Jesus inicia uma vida de total escondimento.

B) Vivência: O que deve acontecer:

O cristão assume a Vontade do Pai como projeto de vida.

Imitemos Maria, que guardava os sinais de Deus sem entendê-los plenamente: confiança no Pai. Carlos de Jesus e muitos outros santos contemplaram o Mistério de Nazaré como um ideal de vida, valorizando os trabalhos mais humildes e escondidos, vencendo o deus – aparecer, tão enfatizado hoje com os meios de comunicação.

D) MISTÉRIOS LUMINOSOS

1. Batismo (Mt 3,13-17)

A) O Evento: O que acontece:

1) Na fila dos penitentes que pedem o Batismo de penitência entra também Jesus com grande surpresa de S. João.

2) O Precursor não quer batizar Jesus, mas cede.

3) No ritual, o céu se abriu e a Santíssima Trindade se revelou na voz do PAI, no símbolo do Espírito Santo com a pomba e na presença viva de Jesus, o Verbo encarnado.

B) Vivência: O que deve acontecer:

Com o batismo inicia a era messiânica: É revelada a identidade de Jesus.

Também nos é revelado o mistério da Santíssima Trindade.

Nosso Batismo é mergulhar na Divina e Trina Ternura.

O Cristão deve saber ouvir: "Tu és meu filho, hoje te gerei". E deve saber responder: "Eis-me aqui".

2. Bodas de Caná (Jo 2,1-12)

A) O Evento: O que acontece:

1) É o primeiro milagre ou sinal de Jesus: Água transformada em vinho (600 litros).

2) A presença atenciosa de Maria é determinante, com duas frases que são um programa de vida: "Não tem mais vinho" e "Fazei tudo o que Ele vos disser".

3) Os serventes obedecem a uma ordem sem lógica e, assim, o milagre acontece.

4) Os presentes glorificam a Deus e os Apóstolos creram em Jesus.

B) Vivência: O que deve acontecer:

1) Fé na palavra, no poder e na pessoa de Jesus. O que diz e o que faz revelam quem ELE é!

2) Sigamos Maria: presença atenciosa para servir aos irmãos quando não têm mais o VINHO NOVO. Precisamos vigiar para atender os necessitados: nós providenciamos a água e Jesus a transforma em vinho.

3. Anúncio do reino (Mc 1,15)

A) O evento: O que acontece:

1) O Reino de Deus está próximo: "Convertei-vos e crede no Evangelho".

2) O Reino é o tema principal da pregação de Jesus: comparações e parábolas se multiplicam para revelar a realidade do Reino.

3) O Reino é reconhecer DEUS como nosso TUDO e único SENHOR (LET GOD BE GOD – DEIXA DEUS SER DEUS).

4) O Reino é a mesma pessoa de Jesus CRISTO. Quem tem um encontro vivo com JESUS VIVO, já entrou no REINO de Deus.

5) Quem encontrou o Reino pode gritar como S. Paulo: "Para mim viver é Cristo... tudo mais é lixo".

B) Vivência: O que deve acontecer:

Como entrar no Reino? Podemos apresentar duas condições principais que tanto Jesus enfatizou. "Se não vos tornardes como crianças, não entrareis no REINO DOS CÉUS... Feliz quem tem coração de pobre porque dele é O REINO DOS CÉUS.

4. Transfiguração (Lc 9,28-36)

A) O Evento: O que acontece:

1) Jesus subiu a uma alta montanha para orar com Pedro, Tiago e João.

2) Transfigurou-se, ou seja, revelou sua identidade no conjunto de toda a história da salvação com Moisés, representando a lei, e Elias representando os profetas.

3) Os apóstolos sentem um inefável júbilo, tão grande que Pedro exclama: "Como é bom estarmos aqui. Façamos aqui três tendas..."

4) Como no dia do Batismo é revelada a Santíssima TRINDADE na voz do Pai, na nuvem simbolizando o Espírito Santo e na pessoa.

5) A Ordem do Pai é peremptória: "ESTE É MEU FILHO BEM AMADO: OUVI-O".

6) E, após a transfiguração, os Apóstolos não ficaram na montanha, mas voltaram ao mundo.

B) Vivência: O que deve acontecer:

Só pela fé podemos descobrir a identidade de Jesus como FILHO de DEUS amado a ser ouvido;

Só pela fé podemos ter uma visão verdadeira, não ilusória, da vida e da história;

Só pela fé podemos descobrir nossa vocação: ficar debaixo da nuvem que é nossa casa ou tenda. Não três tendas, mas uma só, que é a Igreja simbolizada na tenda;

A vida só é vivível quando temos uma visão além das aparências;

Maria aqui não aparece, mas vivia em constante transfiguração ou em sintonia com o próprio FILHO.

5. Instituição da Eucaristia (Mt 26,26-29)

A) O EVENTO: o que acontece:

1) Jesus celebra a Páscoa hebraica: comemora a libertação do Egito.

2) Jesus institui a nova Páscoa: ele é o novo Cordeiro, o novo Maná, o Pão vivo, o Vinho novo.

3) Mas, antes de instituir a Eucaristia, Jesus lava os pés dos Apóstolos: só pode comer quem serviu os irmãos.

B) Vivência: O que deve acontecer:

– Celebrar a Eucaristia é celebrar a Páscoa:
– O Sacrifício do Calvário;
– O banquete do cenáculo;
– A presença viva de Jesus;
– O Sacramento dos Sacramentos.

Na Última Ceia, Jesus antecipa a doação do Calvário: Pão repartido e Sangue derramado.

Na Eucaristia, CELEBRA-SE O AUGE E O CUME DA DIVINA E TRINA TERNURA: O Pai nos doa o Filho, o Filho se doa por nossa salvação, e o Espírito Santo nos abre o caminho para acolher a Graça ou Vida Divina.

O Rosário apresenta cinco eventos.

A Via-Sacra contempla 14 estações dolorosas, culminando na Ressurreição.

E) MISTÉRIOS DOLOROSOS (Mt 26-27)

A) OS EVENTOS: o que acontece:

Podemos acompanhar os eventos nos quatro locais mais importantes da Paixão.

1) No Getsêmani ou Horto das Oliveiras, onde as azeitonas eram esmagadas e moídas, Jesus suou sangue, esmagado por nossos pecados. Aqui, Jesus tomou o cálice da ingratidão mais amarga e foi surpreendido pelo beijo traidor de Judas; foi, enfim, preso; mas tudo assumiu por Amor.

2) No Sinédrio, acontece o processo mais falso, onde até as testemunhas se contradizem, iniciam as primeiras torturas, e Pedro chega a renegar o Mestre.

3) No Pretório, o procurador Pôncio Pilatos faz três tentativas para salvar Jesus, todas frustradas pela própria covardia e pela astúcia dos sacerdotes, manipuladores das massas, que hoje gritam: "Hosana"! E amanhã "Crucifica"!

– Envia Jesus a Herodes.

– Coloca-o ao lado do assassino Barrabás, para que escolham um a ser libertado: o povo rejeita Jesus.

– Enfim, Pilatos apela para o sentimento do povo: faz torturar Jesus para que o povo se compadeça; mas a tentativa é frustrada, pois o povo, manipulado pelos Sumos Sacerdotes, acaba pedindo a Crucificação!

4) No calvário Mt 27 – Jo 19.

Após três horas de terrível agonia, proclamando as sete célebres frases-testamento, Jesus entrega seu Espírito. Tudo está consumado. Todo o universo participa da entrega de Jesus, dando uma resposta cósmica: escuridão do sol, terremotos, sepulcros abertos. Véu do templo rasgado. Fim do Antigo Testamento.

B) VIVÊNCIA: O que deve acontecer:

1) A cruz não salva. É o Amor com o qual Jesus morreu na cruz que salva; a cruz foi mero instrumento.

2) O mistério da CRUZ é apresentado por São Paulo como o maior escândalo e loucura.

3) Quem crucifica Jesus? Quem é o responsável de sua morte: Pilatos? O Sinédrio? Quem crucifica Jesus? Eu, e tu; somos nós, todas as vezes que pecamos! É o pecado que crucifica JESUS!

4) Quem crucifica os irmãos, crucifica Jesus. Toda falta contra o irmão é contra o mesmo Jesus. "Foi a mim que o fizestes?" (Mt 25,31-46).

5) Depois de que Cristo morreu na cruz, toda cruz com Jesus se torna luz. "Quem não tomar sua cruz, não pode ser discípulo de Jesus." O itinerário do CALVÁRIO será o itinerário de todo cristão. As dificuldades, assumidas por amor, fazem-nos crescer. Bem pertinente entra aqui o sábio ditado: "Quem não sofre fica criança".

F) MISTÉRIOS GLORIOSOS

1. A Ressurreição (Mt 28; Mc 16; Lc 34; Jo 20-21)

A) O Evento: O que acontece

A Ressurreição de Jesus é um fato transcendental: vai além de nossas experiências controláveis pelos cinco sentidos; todavia temos sinais, não provas, que convergem ao evento da Ressurreição: o maior evento da humanidade. Eis três sinais de convergência:

1) Sepulcro vazio;

2) Aparições aos discípulos;

3) Transformação radical dos mesmos Apóstolos e discípulos, tornando-os corajosos.

B) VIVÊNCIA: o que deve acontecer:

– Sem Fé não se pode aceitar a Ressurreição;

– A FÉ é um Dom de Deus, é Graça. Dom gratuito que Deus concede a quem se abre as suas inspirações, Mistério insondável: Tudo depende de Deus, mas tudo depende também de meu pequeno sim dado por amor.

– Quando tudo parece fechado sem saída... ainda tem saída, porque para Deus nada é impossível.

– Se Jesus ressuscitou, também nós ressuscitaremos: tem saída! Esse é o fundamento de nossa esperança.

2. Ascensão do Senhor (At 1,4-11)

A) O Evento: o que acontece:

1) Local: a Ascensão de Jesus acontece no monte das oliveiras a 3 km de Jerusalém.

2) Testamento de Jesus: Ide, batizai, catequizai. Sempre estarei convosco.

3) Arrebatamento de Jesus e aparição de dois anjos.

4) À direita do Pai: Jesus é igual ao Pai.

5) Promessa: voltarei no final dos tempos para o julgamento.

B) Vivência: o que deve acontecer:

O cristão tem olhos no céu, pés na terra, mãos à obra.

Vocação missionária: DISPONIBILIDADE.

O Brasil, país mais católico do mundo, deveria ter 40.000 missionários, mas tem só 1.000!

3. Vinda do Espírito Santo (At 2,1-2)

A) O Evento: o que acontece:

1) Após 50 dias da Páscoa, os Apóstolos estavam no mesmo lugar, unidos com Maria.

2) Presença silenciosa de Maria e liderança de Pedro.

3) Sinais: vento impetuoso e línguas de fogo.

4) Efeitos: plenitude do Espírito Santo com o Dom das línguas e entendimento de todos os ouvintes.

B) Vivência: O que deve acontecer:

Nasce a Igreja: Maria está no meio, mas é Pedro que dirige a palavra e coordena a comunidade.

Só há efusão do Espírito Santo onde há comunhão com o Papa e com Maria.

A Igreja é missionária: deve ir ao mundo inteiro.

4. Assunção de Maria (Ap 12)

A) O Evento: o que deve acontecer:

Os primeiros cristãos, contemplando Maria, Mãe de Deus e concebida sem pecado original, deduziram que não foi sujeita às consequências do mesmo pecado, por isso o corpo dela não se corrompeu; e foi logo assunta ao CÉU em corpo glorioso.

B) Vivência: O que deve acontecer:

Maria é a primeira que entrou na Glória.

Nossa meta é o Paraíso ou a Glória eterna.

Nosso CREIO termina: "Creio na ressurreição da carne; Creio na vida eterna".

Nossa esperança é inesgotável: os campeões aguardam a copa mundial, os cristãos aguardam a copa do júbilo sem-fim!

COROAÇÃO DE MARIA RAINHA – Ap 12

A) O Evento: o que acontece:

Se Cristo, novo Adão, é Rei, também Maria, Nova Eva, é Rainha. O reino de Maria é sobre os corações. Seu Reino ainda é um serviço a seus filhos.

Maria é a rainha-mãe que participa das núpcias do CORDEIRO (At 19,9): a eterna aliança de Cristo com a humanidade.

B) Vivência: O que deve acontecer.

Seremos coroados de Glória e esplendor (Sl 8).

As glórias humanas são tão passageiras que sempre deixam as piores frustrações, mas a meta final do Cristão é... SEM-FIM!

AVE, AMÉM, ALELUIA!

Conclusão: quem tem fé fica em pé

Ao pé da cruz, estava MARIA, a mãe. Estava em pé! São João quer nos transmitir uma mensagem:

Na minúscula aldeia "Recanto dos Papagaios" tinha aparecido um mágico para alegrar os alunos da escola. Após as exibições, antigas e novas, convidou a todos, alunos e pais, para um inédito espetáculo no ponto mais profundo e mais estreito do Rio Cavernoso, ponto estratégico entre as duas beiras de pedras. O mágico tinha esticado uma corda bamba amarrada a duas beiras do rio. "Vocês acreditam que vou passar do outro lado do rio apenas me segurando com duas varas apoiadas nas beiras?" Só metade dos curiosos levantou a mão. E o mágico passou e não caiu no Cavernoso. E propôs o segundo desafio: "Vocês acreditam que vou passar sem apoio?" Só uma meia dúzia levantou a mão. E o mágico passou o rio sem cair, passando, em seguida, ao desafio mais dramático. "Vocês acreditam que vou passar empurrando, sobre a corda bamba, este carrinho de mão?" Todos ficaram sem fôlego, mas Zezinho levantou a mão. "Acreditas mesmo?", insistiu o mágico. "Sim, acredito", gritou o menino.

"Então, senta no carrinho e vamos passar juntos", concluiu o mágico. O menino sentou-se, mas olhando firme no mágico. Passado o rio, os jornalistas já estavam curiosos para entrevistar o menino. "Como és corajoso! Não tiveste medo?" Zezinho respondeu: "Ora ... o mágico é meu pai".

A mensagem final é desafiadora. Nos rios cavernosos da vida, sem pontes, vamos passar no carrinho de Deus, abandonando-nos a Ele, como Zezinho.

12

CONSAGRAÇÃO À SANTÍSSIMA TRINDADE POR MARIA: PER MARIAM AD IESUM

Nossa resposta de filhos de Maria pode ser resumida em cinco etapas até a CONSAGRAÇÃO AO FILHO JESUS CRISTO PELA MÃE MARIA.

No dia do Batismo, proclamando as "promessas batismais" por intermédio de nossos padrinhos, fomos consagrados e mergulhados (Batismo-mergulho) nos Três: Pai, Filho e Espírito Santo. Assim, encharcados na Divina e Trina Ternura, tornamo-nos imagem e semelhança do Pai, do Filho e do Espírito Santo.

A fórmula, proposta por São Luís Maria Grignion de Montfort, não pode ser reduzida à mágica consagração, mas à renovação dos compromissos batismais. Não há consagração sem preparação. Não há preparação sem profundo compromisso de conversão. Não há conversão sem projeto de vida ou concretos propósitos a ser vividos no dia a dia. O plano de salvação chegou a nós por Maria e, por ela, damos nossa resposta a Deus. Consagração é conversão permanente, concreta e diária:

1. ACEITAÇÃO – João aceitou Maria "em sua casa" como fez Zaqueu com Jesus. Casa, aqui, tem sentido real e simbólico. João, acolhendo Maria em sua moradia, abre seu coração (casa) à nova família, à Igreja, comunhão dos cristãos;

2. AÇÃO – Todo filho de Maria arregaça as mangas para propor o Evangelho e trabalhar pelo Reino. O inferno deve estar cheio de cristãos de palavras bonitas, pois o Paraíso é só para os fiéis que multiplicam seus talentos.

3. AMOR – Pode, às vezes, haver muita ação e pouco amor. O que une o filho à mãe é o amor: energia misteriosa, que passa de um para o outro e os une cada vez mais.

4. CULTO – O cristão adora somente a Deus; todavia venera Maria por ser a Mãe de Deus e nossa mãe. Ter culto é, em primeiro lugar, admirar e contemplar Maria. O terço diário é uma forma de contemplar a vida de nossa mãe.

5. CONSAGRAÇÃO – Entrega plena e sempre renovada.

A) CONSAGRAÇÃO A MARIA, MÃE DE DEUS

1. Consagração batismal

Deus se doa em Jesus Cristo, e todo cristão também se oferece como hóstia viva, santa e agradável a Deus. É Deus quem chama, justifica e glorifica. Ele nos amou primeiro. Pelo Batismo, somos consagrados a Deus: somos propriedade de Deus (Êx 19,5-6).

2. Uma só consagração

Só há consagração à Santíssima Trindade. É o ato de adoração ao único Deus vivo. A consagração a Maria se insere nessa consagração batismal. Não há duas consagrações:

uma a Deus e outra a Maria. “É consagração a Jesus por Maria” (São Luis Montfort).

3. Consagração não é separação

Quem se consagra a Deus não é um separado dos outros irmãos, quase um “puro” que não pode mais misturar-se aos pecadores. Ele mesmo, sentindo-se pecador, continua cheio de misericórdia no meio do povo.

Consagração é mergulho na Trindade e no meio dos irmãos.

4. Acolher Maria em nosso coração

Consagrar-se a Maria é acolhê-la como mãe, assim como fez João (Jo 19,27); acolhê-la em nossa casa, no íntimo, no mais íntimo de nosso ser, como fez Zaqueu. Casa: é na intimidade do coração, é disponibilidade, fé e abertura à conversão radical.

5. Fórmulas

Há mil formas de consagração. Podemos ser extremamente incisivos. Ser filhos de Maria é acolher tudo o que ela pede. Maria nos pede: “Fazei TUDO o que Ele (Jesus) vos disser”. O cristão não se pertence mais: é só e unicamente propriedade de Deus; é propriedade de Maria e Maria é propriedade do cristão. João era propriedade de Maria e vice-versa. Eis as mais belas formas de consagração: Maria diz: “Tu és meu filho”. E eu: “Tu és minha mãe”. Maria diz: “Tu és meu”. E eu: “Tu és minha”. Maria diz: “Eu sou tua”. E eu digo: “Eu sou teu”. Finalmente, entendemos, então, o lema do papa João Paulo II: “TOTUS TUUS”, ou seja, “TUDO TEU”.

Essa consagração é pessoal, mas também deve ser comunitária. Povos inteiros se consagraram a Maria. Vários Papas consagraram a humanidade inteira a Maria. Consagrar-se é uma opção fundamental, irrevogável (não pode mais voltar atrás). É sempre bom renovar a consagração nas festas de Maria. É CONSAGRAÇÃO NO TEMPO EM VISTA DA ETERNIDADE.

6. Fórmula de São João Paulo II: Mater mea, totus tuus

7. Fórmula de São João XXIII: Mater Mea Fiducia Mea

8. Fórmula popular do Brasil (autor: padre, anônimo)

Ó, minha Senhora e minha Mãe, eu me ofereço todo a vós e, em prova de minha devoção para convosco, vos consagro, hoje, meus olhos, meus ouvidos, minha boca, meu coração e todo o meu ser. E, porque sou vosso, ó incomparável Mãe, guardai-me e defendei-me como coisa e propriedade vossa. Amém.

9. Fórmula de São Luiz Grignon de Monfort

Eu vos saúdo, ó Maria Imaculada, Tabernáculo vivo da Divindade, onde a Sabedoria Eterna escondida quer ser adorada dos anjos e dos homens! Eu vos saúdo, ó Rainha do céu e da terra, a cujo império está sujeito tudo o que existe abaixo de Deus! Eu vos saúdo, ó refúgio seguro dos pecadores, cuja misericórdia jamais a ninguém faltou! Atendei aos desejos que nutro pela Divina Sabedoria e recebei, para isto, os votos e as ofertas que minha baixeza Vos apresenta. Eu, (nome de quem se consagra), pecador, infiel, renovo e ratifico, hoje, entre vossas mãos, os votos de meu Batismo. Renuncio para sempre a Satanás, suas pompas e suas obras. E me entrego inteiramente a Jesus Cristo, a Sabedoria Encarnada, para levar minha cruz em seu seguimento, todos os dias de minha vida, e para que eu seja mais fiel do que lhe tenho sido até agora. Eu Vos escolho hoje, ó Maria, na presença de toda a corte celeste, por minha Mãe e Mestra. Eu vos abandono e consagro, na qualidade de vosso escravo, meu corpo e minha alma, meus bens interiores e exteriores, e o valor mesmo de minhas boas ações passadas, presentes e futuras, deixando-vos inteiro e pleno direito de dispor de mim e de tudo o que me pertence, sem exceção, segundo vosso beneplácito, para a maior glória de Deus, no tempo e na eternidade. Recebei, ó Virgem benigna, esta pequenina oferta de minha escravidão, em honra e união a submissão que a Sabedoria Eterna se dignou manifestar a vossa Maternidade, em homenagem ao poder que vós ambos tendes sobre este pequeno verme e miserável pecador, em ação de graças pelos privilégios com que a Santíssima Trindade vos favoreceu. Eu protesto querer, daqui por diante, como vosso verdadeiro escravo, procurar vossa honra e obedecer-vos em todas as coisas. Ó Mãe admirável, apresentai-me a vosso caro Filho, na qualidade de escravo eterno, a fim de que, tendo-me resgatado por vós, por vós também me receba. Ó Mãe de misericórdia, fazei-me a graça de obter de Deus a verdadeira Sabedoria, e de me colocar, para isso, no número daqueles a quem amais, ensinais, conduzis, nutris e protegeis, como vossos filhos e vossos escravos. Ó Virgem fiel, tornai-me, em todas as coisas, um tão perfeito discípulo, imitador e escravo da Sabedora Encarnada, Jesus Cristo, vosso Filho, que eu chegue, por vossa intercessão e a exemplo vosso, à plenitude de sua idade na terra e de sua glória nos céus. Amém.

B) DA CONSAGRAÇÃO À IMITAÇÃO

A Mãe Maria continua nos alertando: "Passem da consagração à imitação de meu Filho. Fazei tudo o que Ele vos ensinou no Evangelho. Como mãe, doei-me sempre:

Depressa, visitei e acudi a prima Isabel;

Em Caná, solicitei o milagre de meu Filho;

No Cenáculo, fiquei como mãe para a comunidade incipiente.

Na cruel perseguição aos cristãos, estive ao lado deles, confortando e comungando.

E, agora, continuo como mãe solícita.

A solidariedade com os últimos reduziu-se a miseráveis esmolas. Solidariedade é dar apoio SÓLIDO!

1. Chegou minha vez: doação incondicional

A horta do Santuário Divina Ternura era atacada pelos pássaros. Encontramos uma solução: espantar os invasores. Com madeira, palha e alguns trapos, levantamos um feroz espantalho. Porém nossa criatividade esgotou-se para construir a cabeça. Logo, encontramos a solução: uma grande abóbora esvaziada fez de cabeça, duas batatas serviram como orelhas, dois rabanetes vermelhos como olhos e uma cenoura bem alaranjada e pontuda como nariz. Por poucos dias, salvaram nossas verduras. Um pardal, em uma noite fria, aproximou-se do espantalho e pediu hospitalidade bem debaixo do braço protegido pela palha. O espantalho, comovido, apenas alertou: "Pode ficar, mas à condição de não me fazer cócegas, pois minha axila é muito sensível".

De manhã cedo, o pardal gemeu: "Estou com fome". O bondoso hoteleiro respondeu: "Toma as duas batatas, pois o tráfego da BR me deixa surdo. Melhor ficar sem orelhas".

Após uma semana, voltou o passarinho. O mesmo pedido de noite e o mesmo gemido de manhã. O espantalho cedeu. "Pode comer meus olhos, pois daqui só vejo acidentes na BR. Melhor ser cego."

Passado um mês, voltou o pardal e nem precisou pedir, pois o bondoso espantalho o preveniu: "Não quero mais espantar ninguém! Toma meu comprido nariz; assim, serei poupado deste fedor das bostas, que não é perfume francês. Sua fome e seu frio me despertaram para uma nova missão! Quero tudo dar a quem precisa. É dando que se recebe!"

2. Oração do balde furado: doação na gratuidade

Divina e Trina Ternura, Pai, Filho e Consolador, por que me entregaste um balde furado?

Da vertente da água até o meu canteiro há uma grande distância. Logo percebi que, mesmo saindo da fonte com o balde transbordante de água, quando chegado ao canteiro, já estava quase vazio. Quantas vezes despejei aquela meia tigela nas verduras e nas flores do canteiro! Por que, Senhor, deste-me este balde furado? Por que meio século de projetos pastorais tão infecundos? Por que este meu canteiro está tão infecundo?

Agora, tive a resposta!... Sim, só agora, após meio século de esforço, Tu me convidaste a olhar atrás, o longo caminho percorrido por tantos anos: um caminho de flores, um tapete de todas as verduras. Se a água tivesse chegado a meu canteiro, teria também dado muitos frutos. Mas eu me teria exaltado de orgulho!

Agora, vejo que nada foi em vão. Meu canteiro continua no último lugar. Não importa, contanto que o Reino de Deus se propague. Ave, amém, aleluia!

C) CONCLUSÕES VIVENCIAIS PARA OS CONSAGRADOS

Maria nos gerou como Mãe. O que nós fazemos por nossa mãe terrena?... Gratidão, presentes...? E por Maria? O que nós fazemos para vivermos como filhos de Maria?

Se não vos tornardes como crianças...

Santa Teresinha dizia: "Quero permanecer criança para ficar sempre no colo de Deus". A expressão é profunda: ser criança significa viver sempre em adoração, em dependência de Deus. Os autossuficientes não creem; estão cheios de si, são "adultos". Os filhos de Maria contemplam a mãe, seguem a mãe na humildade e na ousadia. Maria é a mãe de todos os homens, mas precisa de missionários para evangelizar. A grande maioria não sabe que tem uma mãe de infinita TERNURA!

O missionário é aquele filho de Maria que amplia a família missionária: leva mais filhos a Maria. O que dizer de um filho que não conhece e nem quer a própria mãe? É isso que acontece com muitos cristãos, que nunca foram conscientizados. Todo filho de Maria deve ser um apóstolo-missionário: ampliar a família de Maria. Ele mesmo, sentindo-se pecador, continua cheio de misericórdia no meio do povo.

"CONSAGRAÇÃO É MERGULHO NA TRINDADE E NO MEIO DOS IRMÃOS."

D) CONCLUSÃO: DECÁLOGO DO CONSAGRADO

1) Vivência radical dos mandamentos de Deus;
2) Missa dominical e até diária quando possível;

3) Santo terço todos os dias;

4) Confissão mensal e orientação periódica com um padre;

5) Oração em família;

6) Jejum semanal: sexta-feira;

7) Participação de uma fraternidade, grupo de reflexão, grupo de oração...

8) Missão: como filho de Maria, ser apóstolo do Reino... mais um filho para Maria!

9) Solidariedade: repartir o que temos (não esmolas) com os mais necessitados;

10) Tudo fazer por amor a Deus:
sobretudo o que mais custa, como vivia Santa Teresinha.

CONCLUSÃO

Sou um padre católico. Apresentei Maria como é revelada na Bíblia; estudada na Teologia Católica; como é celebrada na Liturgia.

Maria é diferente de nós e é tão perto de nós. Não é "diminuindo Maria" que a tornamos mais nossa e mais perto! É contemplando Maria como nosso modelo que nos tornamos melhores.

Em vez de conformar nossa vida à vida de Cristo e de Maria, preferimos manipulá-la até conformá-la a nossa vida. Filmes, novelas, romances têm apresentado um Cristo e uma Maria como nós, com mil fragilidades e defeitos.

Contemplamos os modelos para sermos melhores! Não é justo manipulá-los até torná-los como nós.

Contemplar Jesus e Maria é tornarmo-nos um pouco melhores.

AVE! AMÉM! ALELUIA!

APÊNDICE

DEVOCIONÁRIO

Apresentamos aqui as orações mais populares e ricas de conteúdo teológico, com seus autores. Ore como oravam muitos santos.

1. Oferecimento do dia por Maria

Deus, nosso Pai, eu te ofereço todo o dia de hoje: minhas orações e obras, meus pensamentos e minhas palavras, minhas alegrias e meus sofrimentos, em reparação de nossas ofensas; em união com o coração de teu Filho Jesus, que continua a oferecer-se a ti, na Eucaristia, pela salvação do mundo.

Que o Espírito Santo, que guiou a Jesus, seja meu guia e meu amparo neste dia, para que eu possa ser testemunha de teu Amor. Com Maria, Mãe de Jesus e da Igreja, rezo, especialmente pelas intenções do Santo Padre, para este mês...

2. O anjo do Senhor (três vezes ao dia)

D.: O anjo do Senhor anunciou a Maria.

T.: E ela concebeu do Espírito Santo. Ave, Maria...

D.: Eis aqui a serva do Senhor.

T.: Faça-se em mim segundo vossa palavra. Ave, Maria...

D.: E o Verbo se fez carne.

T.: E habitou entre nós. Ave, Maria...

D.: Rogai por nós, Santa Mãe de Deus!

T.: Para que sejamos dignos das promessas de Cristo.

D.: OREMOS: Infundi, Senhor, nós vos rogamos, vossa Graça em nossos corações, para que nós, que conhecemos, pela Anunciação do Anjo, a Encarnação de Jesus Cristo, Vosso Filho, por sua Paixão e Morte na Cruz, cheguemos à glória da Ressurreição. Pelo mesmo Cristo, Senhor nosso. Amém.

Glória ao Pai...

3. Santo Anjo

Santo Anjo do Senhor, meu zeloso guardador, se a ti me confiou a piedade divina, sempre me rege, me guarda, me governa, me ilumina. Amém.

4. Hino Eucarístico Mariano (São Tomás)

Vamos todos louvar juntos o Mistério do Amor,

pois o preço deste mundo foi o Sangue Redentor, recebido de Maria, que nos deu o Salvador.

Veio ao mundo por Maria, foi por nós que Ele nasceu.

Ensinou sua doutrina, com os homens conviveu.

No final de sua vida, um presente Ele nos deu.

Observando a Lei Mosaica, reuniu-se com os irmãos.

Era noite. Despedida. Em uma ceia: refeição.

Deu-se aos doze em alimento, por suas próprias mãos.

A Palavra do Deus vivo transformou o vinho e o pão em seu Sangue e em seu Corpo para nossa salvação.

O milagre nós não vemos! Basta fé no coração!

Tão sublime sacramento adoremos neste altar, pois o Antigo Testamento deu ao Novo seu lugar.

Venha a fé por suplemento os sentidos completar.

Ao Eterno Pai cantemos, e a Jesus, o Salvador.

Ao Espírito exaltemos, na Trindade eterno amor.

Ao Deus Uno e Trino demos a alegria do louvor.

AMÉM.

5. Oração ao Espírito Santo (Rábano Mauro)

Ó, vinde Espírito Criador, nossas almas visitai e enchei nosso coração com vossos dons celestiais!

Vós sois chamado o Intercessor, do Deus excelso, o dom sem par, a fonte viva, o fogo, o amor, a unção divina e salutar.

Sois doador dos sete dons, e sois poder na mão do Pai.

Por Ele, prometido a nós; por nós, seus feitos, proclamai!

Nossa mente iluminai, os corações enchei de amor,

nossa fraqueza encorajai, qual força eterna e protetor!

Nosso inimigo repeli, e concedei-nos vossa paz!

Se pela Graça, guiais-nos, o mal deixamos para trás.

Ao Pai e ao Filho Salvador, por vós, possamos conhecer.

Que procedeis de seu amor, fazei-nos sempre firmes crer.

AMÉM.

6. Oração do abandono (de Carlos de Jesus)

Meu Pai, eu me abandono a ti. Faze de mim o que quiseres. Por tudo o que fizeres de mim, eu te agradeço.

Estou disposto a tudo, aceito tudo, contanto que tua vontade seja feita em mim e em todas as tuas criaturas!

Não desejo nada mais, meu Deus!

Ponho minha alma entre tuas mãos, entrego-a a ti, meu Deus, com todo o ardor de meu coração, porque te amo.

E é, para mim, uma necessidade do amor: dar-me, entregar-me em tuas mãos sem medida, com infinita confiança, Porque tu és meu Pai. Amém.

7. Magnificat: o cântico de Maria

Minha alma engrandece ao Senhor

e se alegrou meu espírito em Deus, meu Salvador;

pois Ele viu a pequenez de sua serva, desde agora as gerações hão de chamar-me de bendita.

O Poderoso fez por mim maravilhas e Santo é seu nome!

Seu amor, de geração em geração, chega a todos que o respeitam;

Demonstrou o poder de seu braço, dispersou os orgulhosos; derrubou os poderosos de seus tronos e os humildes exaltou; de bens, saciou os famintos e despediu, sem nada, os ricos.

Acolheu Israel, seu servidor, fiel a seu amor, como havia prometido a nossos pais, em favor de Abraão e de seus filhos, para sempre.

8. Ave, do mar estrela (S. Venâncio de Poitiers)

Ave, do mar Estrela! De Deus, mãe bela,
Sempre virgem; da morada Celeste, Feliz entrada.
Ó tu, que ouviste da boca do anjo a saudação,
Dá-nos a paz e quietação. E o nome da Eva troca.
As prisões, aos réus, desatam. E a nós, cegos, alumia.
De tudo o que nos maltrata, livra-nos; o bem nos granjeia.
Ostenta que és mãe, fazendo que os rogos do povo seu,
ouça Aquele que, nascendo Por nós, quis ser Filho teu.

Ó virgem especiosa, toda cheia de ternura,
Extintos nossos pecados, dá-nos pureza e bravura!
Dá-nos uma vida pura, põe-nos em vida segura,
Para que a Jesus gozemos e sempre nos alegremos.
A Deus Pai, veneremos: A Jesus Cristo também,
E ao Espírito Santo. Demos, aos três, um louvor! Amém.

9. Ladainha de Nossa Senhora

Senhor, tende piedade de nós!
Cristo, tende piedade de nós!
Senhor, tende piedade de nós!
Cristo, ouvi-nos!
Cristo, atendei-nos!
Deus Pai do céu, tende piedade de nós!
Deus Filho Redentor do mundo, tende piedade de nós!
Deus Espírito Santo, tende piedade de nós!
Santíssima Trindade, que sois um só Deus,
tende piedade de nós!
Santa Maria, rogai por nós!
Santa Mãe de Deus, Santa Virgem das virgens,
Mãe de Cristo, Mãe da Igreja, Mãe da Divina graça,
Mãe puríssima, Mãe castíssima, Mãe sempre virgem,
Mãe imaculada, Mãe digna de amor, Mãe admirável,
Mãe do bom conselho, Mãe do Criador, Mãe do Salvador,
Virgem prudentíssima, Virgem venerável, Virgem louvável,
Virgem poderosa, Virgem clemente, Virgem fiel,
Espelho de perfeição, Sede da Sabedoria,
Fonte de nossa alegria, Vaso espiritual,
Tabernáculo da eterna glória, Moradia consagrada a Deus,
Rosa mística, Torre de Davi, Torre de marfim,
Casa de ouro, Arca da aliança, Porta do céu,

Estrela da manhã, Saúde dos enfermos,
refúgio dos pecadores,
Consoladora dos aflitos, Auxílio dos cristãos,
Rainha dos Anjos, Rainha dos Patriarcas,
Rainha dos Profetas, Rainha dos Apóstolos,
Rainha dos Mártires, Rainha dos confessores da fé,
Rainha das Virgens, Rainha de todos os Santos,
Rainha concebida sem pecado original,
Rainha assunta ao céu, Rainha do santo Rosário,
Rainha da paz.
Cordeiro de Deus, que tirais o pecado do mundo,
perdoai-nos, Senhor!
Cordeiro de Deus, que tirais o pecado do mundo,
ouvi-nos, Senhor!
Cordeiro de Deus, que tirais o pecado do mundo,
tende piedade de nós!
Rogai por nós, Santa Mãe de Deus,
Para que sejamos dignos das promessas de Cristo.

10. Stabat Mater (Jacopone de Todi)

Estava a Mãe dolorosa Junto da Cruz, lacrimosa,
da qual pendia seu Filho.
Banhada em pranto amoroso, neste transe doloroso,
a dor lhe rasgava o peito.
Ó, quão triste e quão aflita se encontrava a Mãe bendita,
chorando seu Unigênito!
Estava triste e sofria, porque ela mesma via
as dores do Filho amado.
Quem não chora, vendo isto, contemplando
a Mãe do Cristo em tão grande sofrimento?
Quem não se contristaria, vendo a Mãe de Deus, Maria,
padecendo com seu Filho?

Por culpa de sua gente, viu Jesus inocente,
cruelmente flagelado.
Viu seu Filho muito amado, que morria abandonado,
entregando seu Espírito.
Dá-me, ó Mãe, fonte de amor, que eu sinta a força da dor,
Para que eu chore contigo!
Faze arder meu coração, do Cristo Deus na Paixão,
Para que eu sofra com Ele!
Minha Mãe, ó dá-me isto: trazer as chagas do Cristo,
gravadas no coração.
De teu Filho, as feridas, para meu perdão sofridas,
Vem reparti-las comigo!
Quero, contigo, chorar, e a cruz compartilhar
Por toda a minha vida.
Junto à Cruz, contigo estar, a teu pranto me associar,
desejo de coração!
Virgem das virgens, preclara, não me negues,
Mãe tão cara,
poder, contigo, chorar!
Que eu viva, de Cristo, a morte; da Paixão,
seja seu consorte,
celebrando suas chagas.
Que meu coração magoado, pela Cruz apaixonado,
seja, em seu Sangue, remido!
Por Maria amparado, que eu não seja condenado
no dia de minha morte!
Ó, Cristo, que eu tenha a sorte, no dia de minha morte,
de ser levado por Maria.
E, no dia em que eu morrer, faze com que eu possa ter
a glória do Paraíso. Amém.

11. Salve, Rainha (São Hermano, o coxo)

Salve, Rainha, Mãe de misericórdia, vida, doçura e esperança nossa, salve! A vós bradamos, os degredados filhos de Eva; a vós aspiramos, gemendo e chorando neste vale de lágrimas. Eia, pois, advogada nossa, esses vossos olhos misericordiosos, a nós volvei. E, depois deste desterro, mostrai-nos Jesus, bendito fruto do vosso ventre, ó clemente, ó piedosa, ó doce sempre Virgem Maria!

Rogai por nós, Santa Mãe de Deus.

R: Para que sejamos dignos das promessas de Cristo.